ポンコツOLでも
成果を出せた！

世界一
やさしい
仕事術図鑑

へいうさぎ 著

PHP研究所

月曜日が憂鬱な人たちへ

私は仕事ができない。

そう思い込んで自信をなくしているあなたは、こんな毎日を過ごしているのではないでしょうか？

- つまらないミスばかりしてしまう
- どの仕事から手をつけるべきかわからず混乱
- 上司の指示を理解できない。どうメモすればいいのかもわからない
- 報告すると、「何を言っているのかわからない」と困惑される
- 詰めが甘く、たくさん仕事のやり直しを命じられる

上司はそんな自分に「え〜と…」と、苦笑い。

挙句の果てに、「いいよ、自分でやるから」と言われる始末。

確かに、こんな毎日を送っていると傷つきますよね。

月曜日なんて、来なければいい。

　そう思ってしまうのも無理はありません。

　なんで、そんなことがわかるのって？　だってこれ全部、過去の私ですから*！*

　周囲が優秀で、自分のポンコツさが身に沁みる。上司から怒られて脳がフリーズする。

　そんな毎日で恥ずかしいやら、悔しいやら…その場に立っているのが精一杯で、いつも退職するタイミングをうかがっていました。

　でも、実力主義の外資系企業で最下位の評価からスタートし、現在はチームリーダーとして海外メンバーを含めた10人弱の部下と仕事をしています。

　私は今でも自分をポンコツだと思っていますが、以前よりマシになったのではないかと思います。

　じゃあ、どうやって仕事のセンス0、スキル0、知識0から、シビアな評価がくだされる外資系企業の世界を生き残ってきたのか？

　それは、これからご紹介する**仕事がうまく回り出した「あるきっかけ」があったから**です。

元「本当に仕事ができなかった人」から成長した今、私が声を大にして伝えたいのは、

「まったく仕事ができない人なんていない」ということ。

やり方を知らないだけで、実はほんの少し見方を変えたり工夫するだけで、できるようになるものなのです。

だから、「私は仕事ができない」なんて自分に呪いをかけるのはやめてください。

昔の自分を見ているようで、気持ちは痛いくらいわかります。

でも、**本書を読めば今よりも仕事に希望を見出せるようになるはずです。**

仕事で自信をなくしている人へのエールになれば。そんな想いで本書を執筆しました。

どうぞ、最後まで読んでいただければ幸いです。

仕事術を発信するきっかけになった「しくじり体験」

私は社会人7年目。外資系企業でシステムエンジニアとして働いています。

「会社員でも自分の名前で活動したい」。そんな想いで、Twitterで発

信をはじめて約1年。自身の経験をもとに、「すぐに使えるお仕事知識」をテーマに情報発信を始めると、敬語やタスク管理の図解ツイートがバズり、数万いいねをいただきました。

　今では、2万人以上の方にフォローいただいています。

　まだまだ道半ば（みちなか）ですが、SNSで「役に立つ」「勉強になる」と言ってくださる方が増え、感謝の気持ちでいっぱいです。

　そのようなコメントは私自身の仕事、日々の生活のモチベーションにもなっています。

　そしてこの度、一冊の本として私の仕事術をまとめることができました。

　外資系エンジニアで、仕事術を発信している。そう言うと、順風満帆（じゅんぷうまんぱん）な仕事人生を歩んでいるように思われるかもしれません。しかし、まったくの逆です。

　私の社会人としてのスタートは、苦労の連続でした。

　少しだけ、私の「しくじり体験」をお話しさせてください──。

社会人1年目の洗礼

　私は群馬県出身で、地元では優秀と言ってもらえるような公立の女子

高に通っていました。

　その後、都内の私立大学に進学。勉強が好きだったため、大学院にも進みました。

　正直、それまでは人生にそこまで悩むことがなく、むしろ小さい頃から学習面やコミュニケーション面では褒められることが多かったと記憶しています。

　ですから、ある程度は自分を要領よくこなせるタイプだと思っていました。

　今、勤めている企業の業界には、就活で初めて触れました。システムエンジニアという〝手に職〟への憧れ。就職の決め手は、男性と肩を並べて働く女性の先輩が輝いて見えたことでした。

　文系出身でもなれる職業であることも、大きかったと思います。

　IT知識はゼロ。外資系企業なのに英語は苦手。そんな私がついていけるのかと親は驚き、心配していました。ですが、私は面接官の「入社してから頑張ればいい」という励ましの言葉を信じて、入社しました。

　このとき、私は自分の境遇についてあまり深く考えていませんでした。

　これまで通り、「なんとかなるだろう」と軽く考えていたからです。

　しかし、世の中はそんなに甘くはありません。入社直後に、社会の洗礼を受けるのでした。

まず、新入社員研修で、インド人が教えるプログラミング研修についていけませんでした。

　ペースは速い、英語もわからない。**あっという間に落ちこぼれました。**

　しかも、新人研修はチームで行われていたため、メンバーの足を引っ張る始末。

　完全に呆（あき）れられていました。

　同期は笑顔で「任せて。やらなくて大丈夫！」と言って私の担当分を巻き取ってくれましたが、裏では「マジで何もしない」と陰口を言われているのを知っていました。

　教育係のメンターにも心配されていましたが、かろうじて評価されていたコミュニケーション能力でどうにかなることを祈られ、現場に押し出されたのです。

「仕事のできなさ」を認められなかった過去

スタートダッシュで出遅れ、悪夢はさらに続きます。

　１年目の配属先では、私は完全にチームのお荷物でした。

先輩方に「どこがわからないの？」と気を遣われても、「何がわからないかも、わからない」。 うまく説明できずに苛立たせ、先輩の丁寧なレクチャーの甲斐なく、私は同じミスを繰り返していました。

　当時のチームリーダーは、「一を聞いて十を知る」典型的な天才肌。

　丁寧に一から教えてもらわないと何もできない、私とは真逆のタイプでした。

　あくまで私の想像ですが、リーダーの目には私のできなさは不思議に映ったと思います。

「なんで、この子入社できたんだろう」と。

　私自身、「職業選択、ミスったなぁ…」と思いつつ、周囲への申し訳なさでいっぱいでした。

　とにかくみんなの視線が痛かった。仕事にも馴染めず、トイレで泣く日々を過ごしました。

　そして、自分の世界に閉じこもっていったのです。

体はボロボロで、心から辞めたいと思いつつ、みんなに仕事を肩代わりしてもらいました。**それでもなお、私はなぜか自分がポンコツであることを認められませんでした。**

　学生時代は、「できる子」だったからです。

　私はその後、「今の上司と合わない」と自分から配置換えの希望を出しました。さらに上の上司に直談判したのです。

　思い返すと、仮にもお世話になった上司に後ろ足で砂をかけるような配置換え希望は、やってはいけないことだったと反省しています。

　ともあれ、その後にチーム替えが行われ、私は別の上司につくことになったのです。「仕事ができなかったのは、前の人間関係がうまくいかなかったから。私はここでなら生まれ変われる！」と信じて。

　しかし、私は新たな上司の下でもポンコツ振りを遺憾なく発揮しました。大変なミスをして上司を大きな声で怒鳴らせることもあり、 一連の経験を通じて、さすがに認めざるを得ませんでした。

「私、仕事ができないんだ」と。

「最下位評価」から「チームリーダー」へ

　地獄の入社1年目を経て、ようやく自分のポンコツさが身に沁みてわかった私に、**それから間もなく転機が訪れました。**

　最初に配属されたプロジェクトが終了したことで、別のプロジェクトへと異動になったのです。

　私が勤めている会社では、プロジェクトごとにメンバー編成がなされます。

　プロジェクトが終わると、学校で言うところのクラス替えくらい大きな人員異動が発生するのです。

　今までとはまったく違ったメンバーの中で、私は再出発することとなりました。

　2つ目のプロジェクトは、私のポンコツさを最初から認めてくれる環境でした。

　本来、2年目の社員は即戦力として扱われてもおかしくないと思います。

　ですが、そのチームリーダーは1年目に落ちこぼれた状況を考慮して、なんでも質問しやすい環境を整えてくれたのです。

　周りの方々のサポートのお陰で、少しずつ自分のペースで成長できました。

自分のポンコツさと本格的に向き合うことができたのです。

少なくとも3年目からは、上司から「何を言っているのか、わからない」と言われることはなくなりましたし、成長を実感できたことで、仕事への自信も徐々に出てきました。

　4年目からは、クライアントにプレゼンする機会が増えたり、海外メンバーとのやり取りを任せてもらえるようになりました。初めて部下をつけてもらったのもこの頃からです。

　小さな成功体験を積み上げて、次第に仕事が軌道に乗っていくのを感じました。
「このようなシステム開発を担当したい」「このような立場で活躍できるようになりたい」。**徐々に、具体的な目標を立てられるようになり、日々の仕事が楽しくなっていきました。**

　そして7年目、私は今、同期と肩を並べて仕事をしています。チーム

リーダーとして仕事をしていると「最下位の評価からよくぞここまで生き残れた…」と思う気持ちもあります。

仕事がうまく回り始めた「2つの変化」

　ここまでこられたのは、ひとえにみなさんのお陰です。みなさんのお陰で、私の中では大きく2つの点で変わることができました。

　1つは、自分の「実力のなさ」を認められたこと。
　今まで、私は「自分はこんなに頑張っているのに！」と考えていました。高いプライドを捨てられず、自分のことしか考えられていなかったのだと思います。
　しかし、実力のなさを受け止めて、初めて先輩方のサポートの有難みがわかりました。

　すると、仕事への姿勢が変わっていきました。**「周りの人の仕事」を見るように意識し始めたからです。**
　身近にデキる先輩がたくさんいたことに、やっと気がつきました。

　そこで、**「私はこの人たちの力を借りながら成長すればいいんだ」**と

思いました。

　そう考えると、仕事のやり方も変わりました。

　今までの受け身の姿勢から、「ここはどう進めていますか？」と、デキる先輩に自分から積極的に聞けるようになったのです。

「そんなことも知らないのか！」と怒られても食らいついて周りの人に聞き、素直に実行できるようになりました。

　２つ目は、自分を責めなくなったことです。

　確かに、私はポンコツです。だからといって、自分で自分の存在を否定することはありません。

　ポンコツな部分も含めて、私自身。これも〝愛嬌〟と捉えるようにしました。

　すると、なぜか周りから手を差し伸べてもらえるようになったのです。

夏目漱石の小説、『虞美人草』に以下のような文言があります。

「愛嬌とは自分より強いものを倒す柔らかな武器」

人は、無邪気で愛嬌のある人間に敵意を向けることはできません。

私は、以前より仕事はできるようになりましたが、未だに自分をポンコツだと思っています。相変わらず小さなミスはするし、仕事量が多いと正直テンパります。

それでも、ここまでやってこられているのは、周りに助けてもらいながら、徐々に力をつけているからです。

そのため、**ポンコツの私にとって愛嬌は欠かせない武器となっています。**

愛嬌を意識し始めてから、教えてくれる人、応援してくれる人が増え、一気に成長速度が上がりました。

この2つは、自分の中でかなり大きな変化だったと思います。

これをきっかけに、私の仕事がうまく回るようになっていきました。

成功体験を積んで、自信を取り戻そう！

　私の仕事は、日々もがきながら試行錯誤しているので、すべてが褒められるものではありません。ただ、そんな中でもデキる人から学んだスキルには、少なからず手応えがあります。

　私は、誰よりも多く怒られて、誰よりも習得に時間がかかってきました。
　自分が仕事で苦労してきたぶん、多くの人に苦労してほしくないと考えています。「成長のショートカット」をしてもらいたい。そして、一刻も早く仕事で失った自信を取り戻してください。

　本書は、「基本的だけど本当に大切な仕事術」に絞って解説していきます。**大事なのは、地味だけど確実に信頼を積み上げる仕事だからです。**

　悩みながら仕事と向き合う皆さんへ。私も一緒です。
　一緒に、成長していきましょう。

Lesson 1

仕事で自信を取り戻す「心得７カ条」

Lesson 2

意外と教えてもらえない
「仕事の基本」

知らずに減点されないための
ビジネスマナー

Lesson 3

頭を整理する「ToDoリスト」のつくり方

Lesson 4

計画倒れしない「ダンドリ術」

Lesson 5

組織で得する「コミュニケーション」

Lesson 6

「ミス」をして
評価が上がる人、下がる人

Lesson 7

ポンコツなリーダーが、「良いチーム」をつくる!

仕事で自信を取り戻す 「心得7カ条」

必ず成長する「3つの戦略」

　私がポンコツなりにうまく成長できたのは、次の3つのステップがあったからです。

❶ 弱さを受け入れ、「不完全なりに」ひたむきに仕事する
❷ デキる人の助けを借りまくって「教えてもらう」
❸ デキる人の型を「完コピ（完全コピー）」と言えるくらい真似する

　これは、私だからうまくいった方法ではありません。
　私と同じように、おっちょこちょいで頼りないと思われていた後輩が同じステップを経て、頼もしく成長していくのを目の当たりにしています。

　上記の3ステップは、私の中では**仕事で自信をなくした人が自尊心を取り戻すための「基本的な成長戦略」**だと考えています。

　私のようなポンコツさんは、不器用で初めから何もかもこなせるわけで

はありません。

　要領が悪いからこそ、組織でしなやかに生きていく戦略が必要でした。

　さて、３つの軸をもとにした具体的な方法を解説したいと思いますが、まずはその前に、７つの心構えからお話したいと思います。

1 今の自分を「受け入れよう」
2 今の自分を「さらけ出そう」
3 能力の高さより学ぶ姿勢
4 失敗しないより、失敗から学ぼう
5 高い目標は捨てる！
6 仕事はひとりで抱え込まない
7「仕事の型」を身につけよう

　仕事の土台は、一朝一夕ではできません。ゆっくりと、いきましょう。

1. 今の自分を「受け入れよう」

❝本当の自分❞で再スタートする準備

　この本を手に取ってくださった方は、仕事でうまくいっていなかったり、これからの仕事に不安があったり、何がしかの仕事へのネガティブな思いを抱えているのかな、と想像しています。

　そんな人の中には、❝今の自分を「受け入れよう」❞という見出しを見て、
何度も今の自分と向き合ったよ!!!
いつも自己嫌悪して過ごしてるよ!!!
と思われたかもしれません。

　でも、私があえてこの項目を初めに持ってきたかったのは、**さっさと、自分に絶望してほしい**からです。

「いきなり何を言い出すの？」と思われるかもしれませんが、これには理由があります。
「自分に絶望する」というのは、まったくネガティブな意味合いではなく、

言い換えれば、「**ありのままの自分をちゃんと見つめる**」ということなのです。

　これは、仲良くさせていただいている恋愛心理カウンセラーの鶴岡李咲_{り さ}さんの考え方で、私が大好きな言葉です。ちょっと長くなりますが、引用させていただきます。

　私にはこんなだらしない所があるな
　私って本当に社会不適合だな
　私ってやっぱり飽き性だな
　私って本当にめんどくさがりだな
　私って家事本当に苦手だしやりたくないんだな

　というように、自分にあるものをありのままに見て認める。
　そうすると一度は、「あぁ、私は結局こういう人間なんだ。これが私なんだ。」って絶望するんだよね。

　でも、そうやって絶望して初めて、〝本当の自分〟で幸せになるスタートを切れるの

出典：アメーバブログ「ありのまま自分を丸ごと愛して理想の彼から溺愛される♡」

この言葉を読んで、恋愛に限らず、仕事や人生のあらゆる面で当てはまると思いました。

　私も「良い子な自分」や「優等生である自分」、「毎日がキラキラした自分」——いろんな理想の自分を諦め、そんな自分を認めて今に至ります。

　自分を諦めるというのは、ダメな自分を明らかにすることでもあるからとても辛い。

でも、**一度自分に絶望して、そこから本当の自分と向き合う。** まずは、そこからスタートしてみてください。

| 心得1 | 絶望は悪いことじゃない。
再スタートの「第一歩」 |

2.今の自分を「さらけ出そう」

弱さを見せると、うまくいく理由

　ポンコツな自分を受け入れたら、次にすべきことは**弱い自分、ダメな自分を職場でさらけ出してみることです**。

今の自分と向き合うだけでも大変なのに!?

　気持ちは痛いほどわかります。

　私自身、とにかく「できるように見せなきゃ!」と、背伸びをしていましたから。

　私がラッキーだったのは、入社2年目に自分のポンコツさを受け入れてくれる環境に出合ったことです。

　そこでは、虚勢を張る必要がありませんでした。

　それまで、私は職場で本当に固く心を閉ざしていたように思います。
- イヤな顔をされたくないから、なるべく頼らないでいよう
- 呆れられたくないから、できる範囲だけで仕事しよう
- 怒られたくないから、コミュニケーションは最低限にしよう

傷つかないよう過剰に自分を守っていました。

　今思い返しても辛かったですし、何よりも心が内側を向いていたように思います。

　しかし、新しい環境になって思い切って心を開いてみることにしました。

　ポンコツな部分をさらけ出して、周りに頼って感謝する。

　代わりに、得意なことでチームを助ける。

　たったこれだけで、あんなに頑張ってもできなかった仕事が、拍子抜けするくらいうまく回り始めました。心も軽くなりました。

　いったい、なぜ？　自分なりに考えて、導き出した答えがあります。

　それは、**弱い自分を受け入れながら、不完全なりにひたむきに頑張る姿が、愛嬌となって周りの人の心を動かすからです。**

「プロローグ」でもご紹介した夏目漱石の「愛嬌とは自分より強いものを倒す柔らかな武器」という言葉を思い出してください。

　嘘偽りなく弱さをさらけ出せる。それこそが人に受け入れてもらう第一歩だと思います。

　ただし、愛嬌とはあくまで自分ではなく、他人が判断するものです。人によっては、ポンコツな私を「ただの仕事ができない人」と評価するでしょう。

　それでも、今の自分をそのまま見せて全力を尽くす。

　愛嬌とは、相手に見返りを求めるものではないからです。

　自分を可愛く見せようとか、愛されようとか、目的や欲や打算があって成り立つものではありません。

　それでも、不完全なりに懸命に仕事に臨（のぞ）めば、全員でなくとも、あなたを受け入れてくれる味方は現れるはずです。

　あなたの働く姿を応援している人は、どこかに必ずいます。

心得 2	「不完全なりに、ひたむきな姿」が心を動かす

29

3. 能力の高さより「学ぶ姿勢」

上司が「教えたくなる人」の条件

同期や周りの人と比べて、一歩出遅れることが多い。

そんな状態で最初から仕事で引け目を感じることはありませんか？

でも、実際に上司が見ているのは、（新人の場合は特に）即戦力としての能力より、**新しいことにチャレンジし、学びながら成長しようとする姿勢です。**

それは仕事のできる・できないにかかわらず、主張していける部分だと思います。

積極性に加え、働くうえで忘れてはいけない要素としては、何よりも「素直さ」と「謙虚さ」を挙げたいと思います。

なぜなら、「デキる人の助けを借りまくって教えてもらう」ために、周りに手を差し伸べてもらう必要があるからです。

私は新人の頃、自他ともに認めるポンコツで、みんなについていくの

に必死でした。

　プログラミングの勉強も、上司の指示の理解も、仕事のダンドリを組み立てるのも、人一倍時間がかかってしまい、足を引っ張ってしまっていたのです。

　ですから、みんなの力を借りざるを得ませんでした。

　ここでもし、上司や同僚に見放されたら……。

　職場で孤立してしまい、仕事が回らなくなることを考えるとゾッとしてしまいます。

　私は、弱さを人に見せられないことが一番の弱さだと気づきました。

　虚勢や強がりは一番不要なもの。

　誤りや過ちを認められないことが、孤立につながるからです。

　「素直さ」や「弱さをさらけ出すこと」こそが、必要なのだと心得てください。

心得 3	積極性、素直さ、謙虚さは、 ポンコツさんの武器

4. 失敗しないより、失敗から学ぼう

ミスの数だけ、良いリーダーになれる

私は新人の頃、たくさんのミスをしてきました。

報告の仕方、仕事のダンドリ、議事録の取り方…数え上げたらきりがありません。

そのたびに、「なんで私は失敗ばかりして…」と落ち込んで、頭を抱えていました。

失敗して人に迷惑をかけて、叱られたくない!

誰しもが考えることでしょう。ですが、最初にお伝えしておきたいことがあります。

それは、**初めから仕事ができる人など、どこにもいないということ。**

どんなに経験値を積んできたべ

テランだって、そうです。

　それは、どんなベテランも初めは初心者だった、という意味ではなく、**ベテランですら常に新しいことを覚えて日々失敗を重ねている**、ということです。

　それでも、できているように見えるのは失敗が目立っていないだけ。

　失敗するのはあなただけではないと考えれば、失敗を怖がる必要はありません。

　また、仕事を覚えるのが遅いことを気にする人がいます。ただそれは、速いか遅いかの違いだけ。いつかは必ず覚えるので安心してください。

　私は、失敗の数も仕事を覚えるスピードの遅さも右に出る者はいないと自負しています。

　でも今では、そうした経験はちょっとした宝だと思っています。

　後輩が「なぜ、そこで失敗するのか」、しくじってきた経験の数だけ理由がわかるからです。

　ですから、後輩にフィードバックすべき勘所が、なんとなくつかめています。

　たくさん失敗したからこそ、部下に教えられることがあるのです。

また、星の数ほど失敗してきた私から伝えたいのは、**大切なのは失敗をしないことではなく、失敗から学ぶこと**です。

　ミスや失敗は人間にはつきもの。大事なのは、ミスしたあとの対応です。**対応次第で悪化させることもあれば、適切なリカバリーでプラスに評価されることもあるのです。**

　社会では、絶対に失敗しない人よりも、失敗しても適切に対処できる人が求められます。

心得4	失敗しないよりも、リカバリーが大切

5. 高い目標は捨てる!

比べるべきは、他人ではなく「過去の自分」

　周囲と比べて自分がポンコツすぎると、自信を失ってしまいます。

　私自身、デキる同期と自分を比べてヘコんだり、「本当にこの会社でやっていけるのだろうか?」と不安でした。

　でも、結論から言えば大丈夫でした。

　私は同期の中でも最下位クラスの評価からスタートしました。

　でも、結果的に同期と同じように昇進しました。ある時期からは私のほうが先に昇進していたと思います。それも、「気がついたら」という感じです。

　「気がついたら」というのは、入社3年目頃から他人と比べるのを止めたからです。

　デキる人と自分を比べても、デキない自分を嫌いになるだけ。

　それならいっそ同期の情報は聞き流すことにしました。

　また、社内の昇進も焦らなくていいと決めました。

結果は後からついてくる!

そう信じて、とにかく足元の仕事に集中するよう心掛けたのです。

その代わり、「過去の自分」と比べるようにしました。

思うように成長しなくても、周りに置いて行かれても、焦らない。

「昨日より、一歩前進していれば良し」としました。そうしたら、心に余裕ができました。

あれだけ辛かった仕事が少しラクになり、かえって成長速度が上がったように感じます。

高い目標と期限を設定し、誰よりも先に成果を挙げる。そうした仕事のスタイルもあります。

でも、ムリヤリそうしたスタイルに合わせると、意識と実力のギャップで気持ちが空回りしてしまうのではないでしょうか? これでは、途中で心が折れてしまいます。

高い目標は、実力がついて仕事に手応えを感じてから立てる。

それでいいと、私は思います。

初めから高みは目指さずに、ハードルは低く設定する。

そうすれば、自分らしく成長していけるはずです。

　少しずつかもしれませんが、成長したいという意思がある限り確実に前には進んでいます。

　仕事人生は長い。短距離走ではありません。

　一瞬だけ良い成績を残せたとしても、そのあと低迷していたら評価は下がっていきます。

　社会では、平均して長く成果を出してくれる人のほうが求められます。

　途中で潰（つぶ）れては元も子もありません。焦らずゆっくり進んでいきましょう。

心得 5	ハードルは低く。 「昨日よりも一歩だけ」成長しよう

6.仕事はひとりで抱え込まない

「なぜか、周りに助けられる人」は何が違う？

「とにかく、できるように見せなきゃ」。仕事ができなかった頃は、背伸びをしていました。

「どうすれば、アドバイスをもらえるのか」。そうした方法を知らなかったことも原因です。

でも、**一番の原因は「頑張れば、ひとりでも解決できる病」でした。**

少し昔話になりますが、私は運動が苦手でした。

でも、そんな中で運動神経のいい子と唯一渡り合えるのがマラソン大会でした。

そして、小学6年生の頃、密かに自主練を重ねた結果10位になることができたのです。

初めて自分の努力が報われる成功体験を手にした瞬間でした。

そうした経験から、学生時代は勉強も部活動も「自分が頑張れば、努力は報われる」と信じてきました。

　でも、みなさんお気づきの通り、**自分の努力だけでなんとかなる範囲は限られています。**

　社会に出たら、なおさらです。ならば、不得意は助けてもらえばいいし、わからなければ教えてもらえばいい。

　もし、あのときにポンコツさを受け入れて、自分の弱さをさらけ出せなければ、「ひとりでできなきゃ。できない自分が悪いんだ」という意識を捨てきれず、いつまでもできない自分を許すことができなかったでしょう。

　では、問題が発生したときに、どう進めていけばいいのでしょう？
それは、周りを巻き込んで問題を解決することです。

　仕事はひとりでするものではありません。

　人に頼ってもいいですし、頼ることがチームのためでもあります。

　仕事は学校のテストとは違い、カンニングが許されます。

私は、これがわかっていませんでした。

　私は新人時代、仕事を抱え込みがちでした。

　ポンコツだけど、できない人と思われたくなかったし、怒られるのもイヤだったからです。

　そして、納期ギリギリまで案件を抱え込んでしまい、最後になって上司に仕事を巻き取ってもらう…。

　自分のために、上司を休日出勤させてしまったこともあります。

　現在、チームリーダーとして働く私がこれをやられたら、非常に困ります（笑）。

　上司にとって一番困るのは、部下が仕事を完遂できないことよりも、正直に状況を報告してくれないことなのです。

　私のしくじり体験からみなさんに伝えたいのは、**仕事の報告をした時点で、責任はあなたではなく、部下の仕事を管理している上司に移る**ということです。

　上司は部下から報告を受けた時点で、仕事の進捗が芳しくなければ何かしらの対策を打たなければなりません。

　でも、報告がなければ上司も手の施しようがないでしょう。

怒られたくない気持ちはよくわかります。

ただ、ここで怒られたとしても、上司に爆弾をプレゼントするよりダメージは少ないはず。

社会において、ひとりで完結する仕事は少ないのです。自分だけで責任が取れる仕事も多くはありません。

チームワークを意識し、「苦手なことは助けてもらう」「得意なことで相手を助ける」を実践して、メンバーに配慮のある仕事を心掛けましょう。

心得6	**仕事はひとりで抱え込まず、 メンバーに報告＆共有**

7.「仕事の型」を身につけよう

我流の努力は、迷走する

頑張って仕事をしているのに、あんまり成長しない…。

かつて、私もそんな悩みを抱えていました。

ポンコツなりに努力してはみるものの、なかなか結果に結びつきません。

振り返ってみれば、それもそうだなと思います。

もともと仕事ができないのに、我流で努力をしたところで成長速度は遅いはずです。

成長速度が遅いならまだいいほうで、努力の方向性を間違える可能性だってあります。

恥ずかしながら、私がそうでした。

その昔、仕事ができない分、職場の飲み会の幹事などを非常に頑張っていたのですが(それもある意味で、大事なのですが…)、だからといって仕事ができるようになるわけではありません。

途中で努力の方向性のおかしさに気づいた私は、**仕事ができる人を何人かベンチマークし、その人たちの仕事を「完コピ」する**ことにしました。

「学ぶ」と「真似る」は語源が同じだという説がありますが、まさにデキる人の仕事術を真似するところからスタートしたのです。

たとえば、メールの文面。CCで自分にも連絡がくることがありますよね？そのときに、**デキる人の文面はストックしておきました。**

それだけでなく、文章の構成や情報を伝達する順番、文面のタイトルのつけ方など、自分なりに分析して、メールを書く際に応用していました。

実は、今でもこのスタイルを継続しています。

最近、会議のファシリテーションが上手な上司の許可をいただいて会議を録音し、電車で聞いていました。

その方はプレゼンも得意で、その人が話すとなぜか社内もお客さんも

説得されています。話し方に何か秘訣があるのではないかと思い、完コ
ピしようと録音を聞いていますが、一回聞いただけではツボがわからな
いので、繰り返し聞いています。

　このように、**デキる人の「仕事の型」を徹底的に自分に刷り込んでい
きました。**
「守破離」という言葉を聞いたことがある人もいるでしょう。まずは、
型を徹底してモノにし、徐々にオリジナルのやり方を模索し、最終的に
は最も自分に合った効率的なやり方を習得するという考え方です。

　仕事も、同じではないでしょうか？
　もし、ベンチマークにすべき人がいない場合は、本書や他のビジネス
書の「仕事の型」を習得して、後に自分のやり方を模索していってもら
えればと思います。

| 教訓 7 | ベンチマークした人の仕事を 「完コピ」しよう |

意外と教えてもらえない 「仕事の基本」

「デキる人」のスタートラインにつこう

我流でなんとかやっている仕事の基本動作ってありませんか？

たとえば、指示の受け方、ホウレンソウ、メールの書き方など――。

特に教わる機会のなかった仕事のお作法って、みんな自信を持って「これ!」と言える正解がなかったりします。

なんとなくできているから、わざわざ誰かに聞かないんですね。

私の場合、基本がなっていなかったのでデキる先輩の所作をイチから真似していました。

でも、それだけでは不安なのでググり倒しました。

正直、今でも正解かどうかわからないものについては復習したくなるので調べ直します。

これは、「デキる人」に近づくためのスタートライン。

基本だけでなく、私が見てきた「デキる人の一味違う仕事のコツ」も詰め込んでいます。

ぜひこのポイントを押さえてください。

すべて覚えて、一度にできるようになる必要はありません。
わからなくなるたびに、本を開く、調べるクセをつけることも大切です。
たびたび、見直しましょう。

もしあなたがデキる人であっても、ぜひ読んでみてほしいと思っています。
「あ、意外とできてなかったかも」と復習することができますし、部下や
同僚がどこでつまずいているのかがわかるので、アドバイスする手助けに
なるかもしれません。

それでは、ページをめくってみましょう!

ヌケモレを防ぐ「指示の受け方」ポイント5

確認しない「わかったつもり」が一番怖い!

指示の受け方なんてみんな一緒。聞くまでもない。

そう思う方も多いかもしれません。

ですが、私は指示すらまともに聞けない新入社員でした。

聞いているつもりなのですが、わかった気になって作業に入り、ひとりで突っ走ってしまう。

上司からやり直しを命じられたことも、一度や二度ではありません。

私のような苦い経験をしないために、「指示の受け方」はしっかりマスターしてください。

私がデキる人を真似て、ポイントだと感じたのは以下の5つです。

ポイント❶ まずは「明るい返事」

上司に呼ばれたら、「はいっ!」と明るい声で返事をして、上司のもと

に行きましょう。

リモートワークで相手の顔が見えない場合は、チャットなどで語尾に「！」をつける意識をするだけでも、大きく印象が変わります。

　私も部下を持つ立場になってよくわかりました。部下が元気に明るく返事をしてくれると、やる気を感じてより成長につながる仕事を任せたくなります。

「何を当たり前のことを」と思われるかもしれませんが、ほんの少し意識するだけなのに効果は大きいので、ぜひ試してみてほしいと思います。

ポイント**❷** 指示を聞くときは、「相手の目を見て」

　相手の目を見て話を聞く。これは当然なようで、できていない人が多い印象があります。

　メモに集中することも大事ですが、**一番大切なのは目の前の相手と認識を合わせること。**その際、適度なアイコンタクトや相づちなどのリアクションを意識しましょう。

　話しやすい雰囲気をつくることができます。

　相手の目を見て話を聞くことは、案外難しいものです。

ですが、「自分はできている」と思い込んでいる人は、けっこういます。
これを実践するだけで、周りと差をつけることができるでしょう。

ポイント ❸ メモを取るときには「5W1H」を意識

指示を受けるとき、メモ帳と筆記用具は必須です。手ぶらで話を聞い
てしまう人がいますが、人間の記憶力は曖昧です。

必ずメモを取りましょう。

ただ、メモの取り方がわからない人は多いと思います。

**自分のメモを見返しても、何が書いてあるのかわからず上司に聞き直
すなんてことも。**

二度手間を防ぐために、「5W1H」を意識してメモを取ってみてはいか
がでしょう？　基本的な要素は次の通りです。

● What(なにを)	どのようなことに取り組むのか〈仕事の内容〉
● When(いつ)	いつまでに行うのか〈締め切り〉
● Where(どこで)	どこで行うのか〈場所〉
● Who(だれが)	誰が行うのか〈担当者〉
● How(どのように)	どのように進めていくのか〈手順〉
● Why(なぜ)	なぜその仕事をするのか〈背景・目的〉

　たとえば、上司から定例ミーティングの議事録作成を指示されたとしましょう。そこで、メモするのは次のような内容です。

What：定例ミーティングの議事録作成

When：10/25 14:00 ～ （予定）

Where：弊社会議室

Who：先に〇〇さんにチェックしてもらう

How：テンプレートに沿って作成し、メールで参加者に共有する
　　　※テンプレートは、〇〇さんに送ってもらう

Why：決定事項とToDoを明確にするため

「5W1H」を意識すれば、指示のヌケモレを防ぐことができます。
　ちなみに、話の途中で質問するのはNGです。
　相手が話し終わるまでは、質問をメモしておき最後にまとめて聞きましょう。

ポイント❹ 指示は「その場で」確認！

わからないことがあれば、必ず「すぐ」「その場」で確認することが大切です。

私は、**自分のメモをその場で復唱して、認識に間違いがないかを擦り合わせています。**

ここで大切なのは、知ったかぶりをしないこと！

わからない専門用語、聞き取れなかった言葉など、わからないままにしておくことは、もっともやってはいけません。

上司や先輩に不明点を聞き返すと、余計な手間を増やすと思って聞きにくいものですが、後々ミスを起こすほうが仕事を増やしてしまいます。

一番質問をしやすいタイミングは、「指示を受けた直後」です。 共通認識をもって作業を進めることは上司や先輩のためだと思って、作業に取りかかる前に確認しましょう。

ポイント❺ 自分で判断できない指示は、優先順位を決めてもらう

　上司から複数の指示を受けることがありますね。私は、こうしたときに困っていました。優先順位を決めなければならないからです。

　ただ、必ずしも自分だけで判断する必要はありません。

　進行中の業務に加えて新たな指示があるなど、複数の指示がある場合は、どちらを優先的に進めるべきかを上司に確認しましょう。

　仕事の優先度、期日の確認を取ってから進めれば慌てずに済みます。

　また、**他部署など、直属の上司以外から指示を受けたときは一旦持ち帰り、直属の上司に報告して優先順位の確認をしましょう。**

　同じ会社の仲間である以上、他部署の指示も大切です。

　ただ、自分の仕事もあるので直属の上司に確認し、進め方を相談したほうが無難です。

　どんなイレギュラーなことが起こっても、大事なのはホウレンソウ。直属の上司と認識を合わせて進めることを意識すれば、ミスしても最小限に抑えられます。

上司をイラつかせない！ 報告の基本

上司が聞いてくる「あと、どれくらいで終わる？」の真意

「その仕事、あとどれくらいで終わりそう？」

上司の言葉をその通りに受け取って「あと2時間です！」と返事していないでしょうか？

残念ながら、上司が知りたいのはそこじゃないんです！

上司が知りたいのは「全体像」。つまり、**「あと、どれくらいで終わる？」は、意訳すると「全体のうち、何割くらい進んでる？」**です。

そこで、見栄を張る必要はありません。遅いのは恥ではありません。大事なのは、遅いなりに「正直に経過報告をすること」です。「全体の3割しか終わっていないので、あと4時間はかかりそうです」と伝えましょう。

上司に責任を転化する「こまつな」

タイトルが少し刺激的ですが、これにはワケがあります。

Lesson1-6「仕事はひとりで抱え込まない」で、「上司に報告をした時点で、責任はあなたから上司に移る」というお話をしたかと思います。

これは何も、自分が怒られないためにそうしろと言っているわけではありません。**「自分で処理しきれない課題は、実力者に解決してもらおう」**ということです。

プロジェクトの責任を取るのは、チームリーダーです。

ですから責任者が早めに決断をくだせるよう、部下はパスを出すべきなのです。

一番やってはいけないのは、最後まで我慢、限界まで言わない、沈黙すること。

私は「ちんげんさい」と読んでいます。

ポンコツさんは、「困ったら、使える奴に、投げる」の「こまつな」を教訓にしてください。

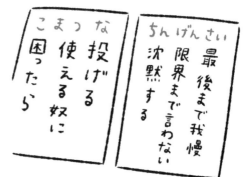

上司に「正しく助けを求める方法」

さて、先ほど自分が「この仕事、終わらないかも。危ない」と思ったら、即上司に助けを求めよと言いました。

しかし、「頑張れ」と突っぱねられることもあるかもしれません。

でも、それはそれで大丈夫です。

あなたには、まだ頑張る時間が残されている証拠だからです。

上司に助けを求めるときは、相手への気遣いを忘れずに。

「できない」「教えてください」の受け身ではなく、「解決するためには誰に聞いたらいいか、教えてください」など、なるべく相手に負担をかけない、主体的な姿勢の聞き方を心掛けましょう。

これは私自身、最悪のポンコツから脱却するきっかけでした。

「これ、どうしたらいいですか？」と上司に聞いたところ、「いや、あなたはどうしたいの？」と聞き返されたことがあります。

この雑な質問の仕方自体、自分の頭で考えていなかった証拠だと反省しました。思考停止を許してくれるほど、職場は甘くありません。

では、正しい助けの求め方とは？　それは次の2つです。

1　自分の状況を説明できること。
2　「どう助けてほしいのか」を説明できること。

たとえば、**1**について。
「今私は、〇〇の仕事と××の仕事と△△の案件を抱えています。期日から逆算すると、〇〇の仕事はできそうですが、××と△△は7割くらいまでしか、終わらない可能性が高い」。
　2については、「なので、××と△△の納期を伸ばしてください、もしくは手伝ってください」という報告の仕方をします。

　これで大抵は、具体的な方針が出てくるでしょう。
　ですが、「何がわからないかもわからない」「どう助けてほしいか頭を整理できない」。そんな人もいるはず。そんな方に向けた解決策は、Lesson 3で別途解説します。

相手への負担を減らす「メールの書き方」

読み手を「疲れさせる文章」は書かない！

人をイラっとさせるメールには、いくつか種類があると思います。

失礼な表現、配慮に欠ける依頼…、**中でも多いのは「何を伝えたいのかよくわからないメール」です。**

基本的に、上司もお客様もビジネスパーソンは常に忙しいものです。

作成すべき資料、プロジェクトの予算、ダンドリの組み立てなど、いつも考えるべきことで頭はパンパンです。

それでも、限りある時間の中で仕事をこなさなくてはなりません。

そうした中、趣旨が不明瞭な文面を解読するのに脳のリソースを割かれるのは、相手を疲れさせるだけでなく時間のロスになります。

デキる人の仕事には、相手への負担を減らしてあげる配慮があります。

メールも同様です。なるべく、相手に簡潔でわかりやすい文章を心掛けましょう。

　一番良いのは、デキる人のメールの文面の型を模倣することです。
私は前に説明したように自分にＣＣで来たデキる人のメールを保存し、
その型通りにメールを作成しています。

　デキる人のメールには、「ひと目で趣旨がつかめる件名」「重要事項は
カギカッコ」「一文を短く」「視覚的に読みやすい文章」など、いくつか
特徴があります。

　今回は、私がデキる人たちから抽出^{ちゅうしゅつ}したメールのエッセンスをご紹介
したいと思います。

　最後に、**用件が何をいっているのかわからない人は、「自分自身が内
容を理解していない」という特徴があります。**

　そのため、自分の頭を整理する必要があるのですが、この方法もまた
Lesson3でご紹介します。

メールの基本

宛先：□□□□□□@□□□.co.jp

Cc：△△△△△△@heyusa.system.co.jp **① 宛先**

Bcc：▲▲▲▲▲▲@heyusa.system.co.jp

件名：【株式会社へいうさシステム】「USAGI」に関するお問い合わせについての回答 **② 件名**

メッセージサイズ：1.5MB

株式会社へいうさ貿易

第四営業部　□□□□□様 **④ 宛名**

いつもお世話になっております。株式会社へいうさシステムの○○○○です。 **⑤ 始めの挨拶**

先日、お問い合わせいただきました、弊社新製品「USAGI」について。

「USAGI」のリリース及び、サービス開始は以下の日程を予定しております。
・リリース：○年○月○日
・サービス開始：○年○月○日 **③ 用件**
「USAGI」の詳細資料も合わせて、添付いたします。
よろしくご査収ください。

今後とも何卒よろしくお願いいたします。 **⑥ 締めの挨拶**

⑧ 添付ファイル

USAGI詳細資料.zip
1.5 MB

株式会社へいうさシステム　第一営業部
○○○○○ **⑦ 署名**
〒123-4567
東京都港区赤坂○丁目○番○号ミッドタウン○階
TEL：03-0000-0000
MAIL：○○○○○@heyusa.system.co.jp

❶ 宛先

CC、BCCには「メインの宛先ではないが、メールの用件を参考までに知っておいてほしい人」を指定します。違いを理解したうえで使い分けましょう。

> To：メインの送り相手
> CC：共有しておきたい相手
> BCC："他の人に知られずに"共有したい相手

宛名は、
相手の会社→自分の会社
役職順に記載するのが
基本です！

❷ 件名

件名は用件が一目でわかるように記載しましょう。

> NG：「先日はありがとうございました
> OK：「○○○の打ち合わせの御礼」

件名を強調させたいときは
【重要】【報告】【案内】
【締め切り：○月○日○時】
など【　】(すみ付きかっこ)
を件名の最初に使うとわかりやすいでしょう。

❸ 用件

本文は短く、具体的かつ簡潔にまとめることが大切です。
用件の結論・ポイント　➡　詳細・補足事項の順で述べることで読みやすくなります。
また適切なところで改行したり、1行空けて段落をつくるなど見栄えも意識してください。

❹ 宛名

メールの本文の最初には必ず宛名を書きます。

社内メールの例

- 役職がない場合
  ○○さん

- 役職がある場合
  ○○課長

社外メールの例

- 役職がない場合
  株式会社□□第１営業部
  ○○○○様

- 役職がある場合
  株式会社□□第１営業部
  課長○○○○様

❺ 始めの挨拶

宛名の次には、
始めの挨拶文を書きます。

社内メールの例

- 通常
  お疲れ様です。
  第１営業部の○○です。

社外メールの例

- 通常
  いつもお世話になっております。
  株式会社□□の○○です。

- 初めての相手にメールをするとき
  初めてメールをさせていただきます。
  株式会社□□の○○と申します。

- しばらく連絡を取っていなかった
  相手にメールをするとき
  大変ご無沙汰しております。
  株式会社□□の○○です。

❻ 締めの挨拶

用件を書き終えたら、締めの挨拶文を書きます。

- 通常
  「何卒よろしくお願いいたします」など

- 確認や検討を依頼するとき
  「ご確認の程、よろしくお願いいたします」
  「ご検討の程、よろしくお願いいたします」など
  状況に応じてアレンジ

> 署名の形式や内容は、
> 会社によって決まっていることが
> 多いので、同僚の署名を真似する
> ことから始めるのが
> オススメ!

❼ 署名

メールの末尾に記載する、自分の会社名や氏名、連絡先のこと。
ほとんどのメールソフトには、一度設定しておけば
クリックするだけで著名を入力できる機能がついています。

> メールソフトによって
> 添付ファイルの
> 容量上限は異なるので
> 確認してください

❽ 添付ファイル

添付ファイルをつける場合、容量に気をつけましょう。

目安として、容量
3M以上のデータはZipファイルに圧縮
10M以上のデータはファイル転送サービスを活用しましょう

デキる人への登竜門「議事録」の作成

議事録のつくり方には「型」がある

大切な仕事の基本に、議事録の作成があります。上司にとってはその人の優秀さを測るバロメーターのようなものですし、自信のない人にとっては、脂汗が出る仕事だと思います。

どう書けばいいのか、まったくわからないからです。

私は昔、議事録を書いていて頭が真っ白になった記憶があります。

私はIT知識ゼロで就職したため、わからない用語も多く、初めは議事録どころか、話を聞き取ることすら苦戦しました。同じ日本語で会議をしているはずなのに、違う言語を使っているのかと思うくらい、議論についていけなかったのです。

あとから上司の記憶を頼りに、議事録を埋めてもらったのを覚えています。

　ところで、議事録ってなんのために作成するのでしょう。考えてみたことはありますか？

　議論した内容を忘れないため、会議に参加していなかった人に伝えるため…、いろいろあると思いますが、議事録を作成する目的は主に次の4点だと考えています。

---

❶ 会議で決定した内容を記録に残すため
❷ 会議出席者間で会議内容の認識の一致を図るため
❸ 次の会議で決めるべき内容を確認し、次回の議題を明確にするため
❹ 会議欠席者に内容を伝え、欠席のギャップを埋めるため

　つまり、仕事を円滑に進めるためのコミュニケーションツールのひとつです。

　ただ、フォーマットは人によって、あるいは会社によって様々です。
　でも、実は議事録には共通した基本構成があります。
　それは、次ページのようなものです。

議事録の
基本フォーマット

会議議事録

概要	
会議名	
開催日時	
場所	
議題	1.
参加者（敬称略）	
概要	

決定事項
•
•

アクションプラン（ToDo）			
No	内容	担当	期限
1			
2			
3			

議事

次回の開催予定	
開催日時	
場所	

　この要点さえ押さえておけば、どんな業種の企業に勤めていようと、そこまで外れた議事録を作成することはないでしょう。

　自社に議事録のフォーマットがない方は、ぜひこちらを参考にテンプレートを作成してみてください。

議事録作成 5 つのコツ

　当時の私のように、経験ゼロの業界の会議に参加して途方に暮れる人もいるでしょう。

　そうした状況下でも、失敗しない「議事録を書くコツ」をご紹介します。

　過去の私に教えてあげたかったのは、次の 5 点です。

ポイント ❶ 会議は、予習しておこう

　会議資料は、事前に目を通しておきましょう。事前準備するだけで、理解度が全然違います。

　具体的には、**パワポ資料があるなら、各スライドのタイトルを議事録に書いておくのがベター。タイトルと内容をコピペするだけで構いません。**

　資料のわからない言葉については、事前に調べておくのもオススメです。

　また、会議の基本情報は事前に議事録に記載しておくと良いでしょう。「何について話すの？（議題）」「意思決定の会議なの？　報告会なの？

（会議の目的）」「役員が参加するの？　社外の人いる？（参加者）」など、事前に頭に入れておくことで会議の全体像がイメージでき、メモがラクになります。

ポイント❷ 会議中のメモは最低限に

人間が話す内容をそのままタイピングしようとしても、絶対に間に合いません。

私が議事録を取るときには、**名前はイニシャルなど略して書き、聞き取った内容は箇条書き**にしています。それも難しい場合は、単語の羅列でも大丈夫です。

最終的には、会議のあとにきれいに整えれば良いので、あとから自分が見てなんとなく内容を思い出せるレベルで大丈夫です。

概要	
会議名	定例ミーティング
開催日時	10月25日(水) 14:00 ～ 15:00
場所	A会議室
議題	今週の進捗報告
参加者(敬称略)	佐々木、鈴木、吉村、前田、田中
概要	

決定事項
・
・

アクションプラン(ToDo)			
No	内容	担当	期限
1			
2			
3			

議事

鈴　△△様からTEL　納期　連絡　急ぎ
吉　承知した

吉　テスト　２遅延
佐　なぜ？
吉　担当者　急病　当分かかる
鈴　ヘルプを出す★

前　契約書作成中

前　プレゼン実施　スケ変更なし
吉　次回　↑の担当者を決めたい★
前　承知した

次回の開催予定	
開催日時	来週
場所	同じ

ポイント ❸ 肝は、決定事項と ToDo!

「誰が」「いつまでに」「何をする」かは、会議において最重要の決定事項。

一番大事なのは、決定事項と ToDo（次のアクション）。なぜなら、タスクが行われなかったときの証拠となるからです。

ここを押さえれば、それまでのいきさつは大まかでも構いません。

また、メモを取る際に決定事項となる箇所にわかりやすく★などの目印をつけておきましょう。あとから決定事項を抜き出すのは時間がかかりますから。

見返したときに、重要な箇所がひと目でわかるのでオススメです。

ポイント ❹ ケアレスミスに注意

一番気をつけたいのは、誤字脱字です。内容のレビュー（批評）は上司や先輩にお願いするとしても、些細なミスは自分で見つけられるように数回見直しましょう。

意外と多いのは、語尾が統一されていないこと。

議事録の場合は、「だ」「である」のように、言い切る表現で記載することが多いので、統一できているかを確認してください。

議事録の書き方は会社や部署によって異なるので、前もって他の方の議事録を読んで確認しておくのが無難です。

議事録の作成時間の目安は、「会議時間 ≧ 議事録作成時間」。

当日中、遅くとも翌日の午前中には議事録を提出したいところです。

提出が遅くなってしまうと、レビューする側も何があったか忘れてしまいますから。私は完璧を求めるあまり、提出が遅くなってよくお叱りを受けていましたが、**議事録は完璧さより、早めに仕上げてチェックしてもらうほうが大切です。**

議事録は、仕事の基本であり集大成

議事録は新人の仕事だと思って、侮_{あなど}るなかれ。

実は、議事録を正しく書ける人はほとんどいません。

情報を取捨選択し、正確に伝える。ベテランでも難しいものです。

つい最近、私が連続して議事録をまとめなければならない会議があり、上司の前で「また、議事録係か〜」とボヤいてしまいました。

すると、「新人の仕事だと思って甘く見ると、仕事に泣くよ」とたしなめられました。上司曰_{いわ}く、「議事録とは仕事の基本であり、集大成」とのこと。

議事録って、メモなので軽く見られがちですけど重要ですから!

人間関係の土台となる「敬語」

「親しみやすい人」と「慣れ慣れしい人」

　敬語は、私が自分のポンコツさを見つめ直してから真っ先に改めたビジネススキルです。

　愛嬌を大切にするポンコツさんにとって、人間関係の土台と成り得る大事な要素なので改めて見直して損はないと思います。

　そういえば、Twitterで敬語に関するつぶやきをしたところ、「堅苦しいから、敬語はいらないのでは？」というご意見をいただいたことがあります。

　確かに、そうした意見を持たれる方もいるでしょう。

　硬すぎる敬語は、どこか他人行儀で、心を開いてくれていない印象を持つのかもしれません。

　ただ、私としてはTPOによって使い分けることが大事だと考えています。

　フランクに友達と仕事をするように接したい人もいれば、一定の距離を保ってビジネスライクにコミュニケーションしたい人もいます。

ここで、後者に最初からフランクに接すると「失礼な人」という印象を与えかねません。

　もし、心理的な距離が縮まったようであれば、徐々に言葉を崩していけばいいのです。

　それに、敬語を正しく使うことで、「信用のおける人」という印象を与えるからこそ、相手が心を許すということもあるかと思います。

　そうした意味で、やはり正しい敬語を知っておくことは大切です。知らなければ、使うことはできませんから。

「親しみやすい」と「慣れ慣れしい」。その関係は表裏一体です。
**　ただ、この２つの違いには相手への配慮があるのではないでしょうか？**
　仲が良くなった結果、敬語を使わなくなることはあると思いますが、敬語を使わないから距離が縮まるわけではないはずです。

「親しき仲にも礼儀あり」という言葉通り、距離が縮まっても相手への敬意は忘れない。

　そう考えれば、正しい敬語を覚える意義もあると思います。

今日から使える
「社会人のスタンダード敬語」

　まずは、「日常で使える敬語」から見ていきましょう。

「了解です」「わかりました」など、基本的な敬語をピックアップしました。

　職場でも、お客様との電話で「なるほどですね〜」と相づちを打つ方
は、割と多い印象です。

　もちろん、意味としては間違いではありませんが、**無意識のうちに相
手を不快にさせている可能性も、なくはありません。**

　社会人としての表現をワンランク上げるためにも、言葉遣いをアップ
デートしましょう！

日常で使える敬語

「久しぶりです」	➡	「ご無沙汰しております」
「なるほど」	➡	「左様でございますか」
「見てください」	➡	「ご覧ください」
「頑張ります」	➡	「尽力いたします」
「前に言った」	➡	「以前申し上げた」
「この間聞いた」	➡	「先日伺った」
「ごめんなさい」	➡	「申し訳ございません」
「ご苦労様でした」	➡	「お疲れ様でした」
「できません」	➡	「いたしかねます」
「教えてください」	➡	「ご教示ください」
「言っておきます」	➡	「申し伝えます」
「わかりました」	➡	「かしこまりました」
「知っています」	➡	「存じ上げております」

人間関係を円滑にする 「クッション言葉」

ビジネスでは、言いにくいことを伝えなければならない場面がたくさんあります。

仕事のやり直しをお願いしなければならないとき、依頼を断らなければならないときなど、枚挙に暇がありません。

そうしたとき、「やって」「できません」とストレートに伝えるとどうでしょう？

相手はムッとして、カドが立つのではないでしょうか。

たまに、部下や下請け企業、飲食店の店員など自分よりも立場の弱い相手に対して、高圧的な頼み方をする人を見かけます。そうした場面を見かけると、心がモヤっとするばかりでなく、「たぶん、心からの信頼は得られないだろうなぁ」と思います。

過度にへりくだる必要はありませんが、相手をリスペクトする姿勢や表現は忘れないでください。

覚えておきたい枕ことば

断るとき❶
➡ 「申し訳ございませんが」

断るとき❷
➡ 「せっかくですが」

尋ねるとき
➡ 「差し支えなければ」

確認したいとき❶
➡ 「恐れ入りますが」

確認したいとき❷
➡ 「念のため」

お願いするとき❶
➡ 「お手数をおかけしますが」

お願いするとき❷
➡ 「ご面倒でなければ」

支援するとき❶
➡ 「もしよろしければ」

支援するとき❷
➡ 「ご迷惑でなければ」

話し始めるとき
➡ 「お忙しいところ」

覚えておきたい「拝」の表現

| 「聞きました」 | ➡ | 「拝聴しました」 |

| 「読んだのですが」 | ➡ | 「拝読したのですが」 |

| 「受け取りました」 | ➡ | 「拝受しました」 |

| 「借りていました」 | ➡ | 「拝借していました」 |

| 「見たく」 | ➡ | 「拝見したく」 |

| 「任命され」 | ➡ | 「拝命し」 |

| 「(事情を)察します」 | ➡ | 「拝察します」 |

謙譲語は
自分の動作を
へりくだって伝える
ときに使います

意外と間違えやすい敬語

とっさに「この言い方、合ってるかな？」と思う瞬間はありませんか？

私はそんなシーンばっかりです。

たいていはすぐ次の仕事が頭に浮かんで、調べないまま終わってしまうと思います。

そして、間違えたまま言葉を使い続ける…。もちろん、指摘してくれる人はいません。

誰も指摘しないので、気づかないまま社会人生活を終えることも可能ですが、ちょっとだけ恥ずかしいと思うのは、私だけでしょうか。

そこで、私が「この言い方、合ってるかな？」と引っ掛かり、正しい言葉遣いを調べてストックした敬語を解説します。

意外と多くの人が使っている表現なので、参考になるかもしれません！

1 お休みをいただいております

休みは許可をもらうものではなく、自分の意思によって取得するものです。

そのため、「いただく」（「もらう」の謙譲語）という表現は不適切となります。

なお、お休みの「お」は尊敬語や謙譲語とされていますから、身内に

間違えやすい敬語❶

✗ （他社の相手に対しての）
お休みをいただいております。 **1**

○ 休みを取っております。

✗ 企画書、
拝見させていただきました。 **2**

○ 企画書、拝見しました。

✗ 今、お時間いただいても
よろしかったでしょうか？ **3**

○ 今、お時間いただいても
よろしいですか？

✗ 本日の会議資料は
ご覧になられましたか？ **4**

○ 本日の会議資料は、
ご覧になりましたか？

✗ では、15時に
伺わせていただきます。 **5**

○ では、15時に伺います。

✗ こちらが資料になります。 **6**

○ こちらが資料でございます。

は使用できません。

　社内の人は身内扱いになりますから、「お」をつけるのは間違いとなります。

2 拝見させていただきました

「〜させていただく」は相手の同意や許可が必要な場合に使用する表現です。

　企画書に目を通すのに相手の許可は必要ないので、「見ました」の謙
譲語である「拝見しました」を使いましょう。

3 よろしかったでしょうか

「よろしかった」は「よろしい」の過去形。結構、使っている方は多いのではないでしょうか。現時点の事実を確認するのに、過去形である「よろしかった」を使用するのは不適切。

「よろしいですか？」と現在形で許可を求めましょう。

4 ご覧になられましたか？

　ご覧になる（〝見る〟の尊敬語）＋られる（尊敬語）なので、こちらも二重敬語です。

「ご覧になりましたか」としましょう。

5 伺わせていただきます

「伺う」は〝行く〟の謙譲語＋「〜させていただく」も謙譲語なので、二重敬語です。よって間違い。

「伺います」だけでよい。

6 ○○になります

「〜になる」は、物が変化していく様子を表します。そのため、資料を渡すにあたってこの表現を使用するのは間違い。この場合は、「です」の丁寧語「（で）ございます」を使いましょう。

間違えやすい敬語❷

❌ 御社について
存じ上げております。 1

⭕ 御社について存じて
おります。

❌ その件、上司にも
申し上げておきます。 2

⭕ その件、上司に申し伝えて
おきます。

❌ 水曜日と木曜日、
どちらにいたしますか？ 3

⭕ 水曜日と木曜日、
どちらになさいますか？

❌ あの件について、
伺っていますか？ 4

⭕ あの件について、
お聞きになりましたか？

❌ お客様をお連れしました。 5

⭕ お客様が
お見えになりました。

❌ ○○さんでございますか？ 6

⭕ ○○様で
いらっしゃいますか？

1 存じ上げております

　知っていることを丁寧に表現するために、「存じ上げる」という表現を使う方がいますが、「上げる」とは対象が人であるときに使用可能な表現です。ですから、会社や物を知っていることを表現するのには使用できず、この場合は「存じております」が正解です。

2 申し上げておきます

「申し上げる」は「言う」の謙譲語。身内である上司に対してへりくだる言い方を、社外の人に使うことになるため不適切な表現です。社外の人には、「(上司に)言い伝える」の謙譲語「(上司に)申し伝える」を使うのが正解です。

3 どちらにいたしますか？

「いたします」は「する」の謙譲語。謙譲語は自分が相手にへりくだる表現なので、間違い。どちらかを選ぶ主語は、自分ではありません。この場合、「する」の尊敬語「なさる」を使って、「どちらになさいますか？」と相手への敬意を表現するのが正解。

4 伺っていますか？

「伺う」は「聞く」の謙譲語。この場合、聞くという動作の主語は自分ではないため不適切。「お聞きになりましたか？」が正解。

5 お連れしました

　この場合の「お連れする」は謙譲語で、上司に対してへりくだった言い方です。ここで敬意を払うべき対象は、連れてこられるお客様です。ですから、お客様を主語にして「来る」の尊敬語である「お見えになる」

を使い、「お客様がお見えになる」と上司に伝えるのが正解。

6 　○○さんでございますか？

「ございます」は物に対して使う丁寧語のため、人に対して使うには不適切。「いる」の尊敬語にあたる「いらっしゃいますか？」を使いましょう。

間違えやすい敬語❸

❌ どうぞお召し上がり下さい。 **1**

⭕ どうぞ
召し上がって下さい。

❌ おっしゃられる通りだと思います。 **2**

⭕ おっしゃる通りだと
思います。

❌ 資料をご持参ください。 **3**

⭕ 資料をお持ちに
なってください。

❌ どちらさまでしょうか。 **4**

⭕ お名前を伺っても
よろしいでしょうか。

❌ お体をご自愛くださいませ。 **5**

⭕ ご自愛くださいませ。

❌ 10,000円から
お預かり致します。 **6**

⭕ 10,000円頂戴します。

1 お召し上がり下さい

「食べる」の尊敬語「召し上がる」に、尊敬の意味を持つ「お〜になる」を重ねているため、過剰な尊敬表現となります。許容範囲とする人も多いそうですが、「どうぞ召し上がってください」という表現のほうが無難でしょう。

2 おっしゃられる通り

　二重敬語　おっしゃる（"言う"の尊敬語）＋られる（尊敬語）、こちらも過剰な尊敬語にあたります。「おっしゃる通り」が適切です。

3 ご持参ください

「参る」という言葉は「行く」の謙譲語。「持参する」も献上の意味合いで使われます。この場合、主語が敬意を表すべき相手になっているので間違いとなります。「お持ちになってください」が正解。

4 どちらさまでしょうか

　正確には、敬語としては誤った表現ではありません。とはいえ、「あなた誰？」というストレートな表現になるため、少々失礼な印象を与えます。使用しないほうがよいでしょう。

5 お体をご自愛ください

「ご自愛ください」自体に、「体を大切にしてください」という意味が含まれています。ですから、「お体を」といった表現は不要です。

6 からお預かり致します

「バイト敬語」としてよく例に出てきます。「10,000円から」というのは、70,000円の他にも、何かを預かる場合でないと成立しません。「10,000円を頂戴します（お預かりします）」といった表現が適切です。

目上の人に使うのは失礼な表現

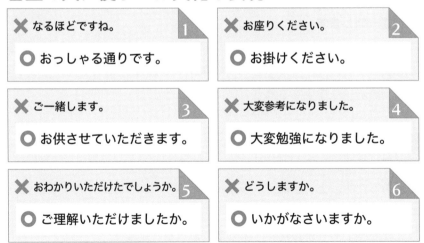

❌ なるほどですね。　1
⭕ おっしゃる通りです。

❌ お座りください。　2
⭕ お掛けください。

❌ ご一緒します。　3
⭕ お供させていただきます。

❌ 大変参考になりました。　4
⭕ 大変勉強になりました。

❌ おわかりいただけたでしょうか。　5
⭕ ご理解いただけましたか。

❌ どうしますか。　6
⭕ いかがなさいますか。

1 なるほどですね

　同意や納得を表現する「なるほど」ですが、そこに丁寧語である「ですね」をつけるのは文法として誤りです。その代わりに、「おっしゃる通りです」「左様でございます」といった表現を使いましょう。

2 お座りください

　犬などのしつけを連想してしまう言葉なので、目上の方にこの表現を使うのは憚（はばか）られます。代わりに、「どうぞ、お掛けください」といった表現を使用したほうがいいかもしれません。

3 ご一緒します

　一見正しいように思いますが、「一緒に行く」は相手と対等であることを表わすため、目上の人に使うのは間違い。「お供させていただきます」という謙譲語を使用するほうがいいでしょう。

4 大変参考になりました

「参考にする」とは、自分が物事を決める判断材料にするという意味合いがあるため、上司が部下から言われたりすれば少しムッとするかもしれません。

「大変勉強になりました」と言うほうがベターでしょう。

5 おわかりいただけたでしょうか

「おわかり」という表現が、上から目線のニュアンスを含んでいるため、使用しないほうが無難。

　その代わりに「ご理解いただけましたか」などの表現を使いましょう。

6 どうしますか

　丁寧な表現ではあるものの、目上の人を立てた表現とは言い難いでしょう。そのため、相手の行動に敬意を表す「なさる」を使って、「いかがなさいますか」と言うほうが適切かもしれません。

うっかり使いがちな表現

「それで大丈夫です」	➡	「いただいた内容でお願いいたします」

「どうしますか?」	➡	「いかがなさいますか?」

「当社的には」	➡	「当社としましては」

> 「それで大丈夫です」「どうしますか?」「当社的には」などといった言葉は、日常会話で使われていても不自然ではないのですが、ビジネスシーンではあまり適切ではないかもしれません。
> 「いただいた内容でお願いいたします」「いかがなさいますか?」「当社としましては」といった表現を使いましょう。

知らずに減点されないための ビジネスマナー

誰も教えてくれなかった「立ち位置、座る場所」

　エレベーター内での立ち位置や会議での席、タクシーで座る場所…、これらがその人の立場や地位を表わすことは何となくご存じかと思います。しかし、なんとなく覚えているだけで、正直その知識に自信がない人も少なくないのではないでしょうか？　少なくとも、私はありません。というのも、わざわざ教わったことがないからです。

　いろいろな人に怒られてきたのに、なぜ、これだけは怒られなかったのか、不思議に思う方もいらっしゃるでしょう。私も不思議でした。**「実はみんなマナーに自信がないから指摘できないのではないか？」**つまり、ちゃんと教わった人は少ないのではないでしょうか。

　誰も教えてくれないから、マナーの重要性を知る機会が持てず、ふんわりとした理解でとどまってしまう。マナー全般に言えることかもしれませんが、本当は仕事ができるのに、所作で減点されるのも、もったいないような気もします。

　というわけで、マナーはたびたび見直してみましょう。今回は一部ですが、私が入社5年目でビジネスマナーを調べ直した際、「え、そうだったの!?」と肝を冷やしたマナーをご紹介します。

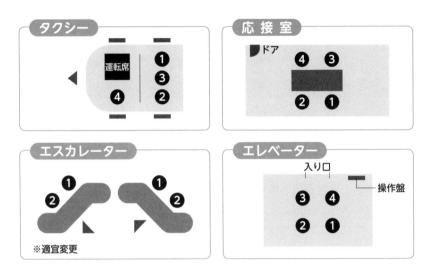

※❶から順に、位の高い人が位置する上座、低い人が座る下座になる。

　特例を除いて、上座に上司やお客様がいて、下座に位の低い部下がいることが一般的です。

　タクシーの場合、運転席の後ろが上座とされ、助手席が下座です。

　応接室では、入り口から最も遠い席が上座で、入口に一番近い席が下座。

　エスカレーターは、目線が上になるほうが上座、下になるほうが下座とされています。しかし、建物内を案内しなければならないときなどは前にいたほうが都合がいいため、その際は「お先に失礼します」と伝えて、逆のポジションに移動しましょう。

　エレベーターでは、操作盤の前が下座、その後ろが上座とされます。

頭を整理する
「ToDoリスト」のつくり方

仕事が進まないのは「とりあえず始める」から

上司の指示の意図が汲み取れない。何をやるにも遅い。
進め方のイメージが湧かない。頭がモヤモヤしたまま堂々巡り——。
それが、今以上にポンコツだった頃の私でした。

ひとつのタスクでさえこうなのですから、複数のタスクならばなおのこと。
1日経ってもほとんど仕事が進まず、残業も当たり前でした。

当時の私の生産性は、間違いなく最低レベルだったと思います。
毎日「頭がぐちゃぐちゃ」の状態で、同時に複数のことを考えていたからです。これでは頭が混乱して、仕事が進まなくても不思議ではありません。

さらに、**仕事の流れや情報を整理できていないので、自分が「何がわからないかもわからない」状態**でした。
ですから、上司や先輩に助けを求めようにも、どう伝えるべきかがわかりませんでした。

でも、たくさん失敗し、デキる上司や先輩の仕事を観察すると、少しずつコツがわかってきました。

　それは、「思考をきちんと整理して、進め方を丁寧に組み立てる」こと。この「頭の中を整理する」こそ、Lesson3のテーマです。

　仕事を始める前に、頭の中を整理する。
　これだけで仕事のスピードを上げ、マルチタスクにも混乱せずに対応できるようになります。

　読者のみなさん、昔の私のように「とりあえず」で仕事に手をつけていませんか？
　考えるのが面倒くさい、苦手、手を動かしながら考えたほうが速い気がする…、こうした意見はいったん脇に置いておいてください。

　一つひとつの仕事を丁寧に、確実に実行していくために、Lesson3を読んでみてください。

仕事のほとんどは、準備で決まる！

準備8割、実行2割。 この言葉を、聞いたことはありますか？

物ごとを成功させる要因は準備が80％を占めていて、実行はたったの20％程度。

つまり、**準備さえきちんとできていれば、仕事のほとんどは終わったようなものです。**

思考整理は、「仕事の準備」！ 大切な作業です。

にもかかわらず、頭がこんがらがったまま始め、失敗する人がなんと多いことか。

締め切りギリギリに提出した挙句、上司からやり直しを命じられる。かつての私のように、そんな経験がある方もいるはずです。

一方、私が見てきた仕事がデキる人は仕事の道筋がクリアでした。何から着手すべきか、どう進めていくのか、進めるにあたって必要なこと、不要なこと、それらをきちんと明確にしていたので、仕事にムダがありませんでした。

ですから、最短で目標を達成しますし、時間的にも精神的にも余裕が

あったように思います。

思考整理をして、仕事のゴールまでの道筋を頭の中で描く。

では、具体的にどうすればいいのでしょうか？

まずは、基本的な考え方からお話しします。

仕事は分けて、分けて、分ける！

思考整理、というと難しく捉える方が多いかと思います。

いかにも、デキそうな人がやっているスキルっぽく聞こえますもんね。

ですが、そんなに難しく考える必要はありません。

だって、**思考整理は部屋の掃除と同じですから。**

部屋の掃除と同じで、「とっておくべきもの」「捨てるもの」に分けることから始めればOK。

つまり、「今、いる情報（やるべきタスク）か」「今、いらない情報（やらなくてもいいタスク）か」、この仕分けから始めればいいのです。

では、その次は？　その次も2分割するだけです。

最初にお見せしますが、Lesson3の全体像はこんな感じです。

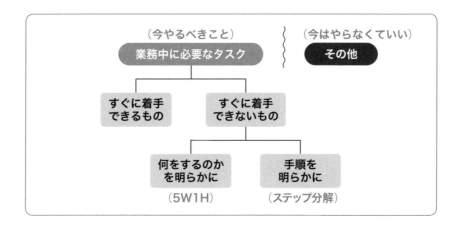

要は、2分割を繰り返すだけ。この方法は、どれだけ複雑で膨大な情報であろうと本質は変わりません。

「困難は分割せよ」。フランス生まれの哲学者、ルネ・デカルトはこう言いました。

　結局、複雑に見える仕事も細かく分けてみれば、単純な作業の集まりだったりします。

　私でもできたのですから、みなさんもできるような気がしませんか？いける気がしてきたところで、具体的な方法を解説していきたいと思います！

すべてのタスクを紙に書き出そう！

タスクを分割する前に、やるべきこと。

それは、**頭の中にあるすべてのタスクを紙に書き出すことです。**

部屋を片づけるとき、一度片づけるモノを広げ、俯瞰してから仕分けませんか？　あのイメージです。

かつて、私は頭の中だけで考えてキャパオーバーを起こしていました。

一方で、仕事がデキる人はあらゆる情報を紙に書き出していました。

紙にアウトプットすれば、タスクを「見える化」できるので、整理しやすいのでしょう。

頭の中にある情報を外に出すことが目的ですので、キレイにまとめる必要はありません。

箇条書きで、頭の中にあるものをランダムに書き出しましょう。

「○○さんにメールを送る」「資料をコピーして上司に渡す」「××さんに、お土産を渡す」など、どんな小さな仕事や用事でも構いません。思い出せるだけ書き出すことが重要です。

やるべきことが明確になっているか確認

今やるべきこと

- 手順書の作成
- ○○画面テストのレビュー
- 契約書の郵送
- ○○会議の準備・進行
- プレゼン資料の作成
- ××さんと打ち合わせ日程の調整
- △△様に納期について連絡

今やらなくていいこと

- 飲み会の企画
- 定例ミーティング議事録
- 免許証の更新
- 結婚式の招待状を返送
- 交通費の精算
- 資格試験の予約

紙に箇条書きしたものを「今やるべきこと」と「今やらなくていいこと」の2つに分けます。

今やらなくていいことはつまり、「いらない情報」です。ですから、今回の思考整理が終わるまで放置しておいて構いません。

次に、**今やるべきことをさらに「すぐに着手できること」と「すぐに着手できないこと」に分けてみます。**

すぐに着手できることとは、「何をすべきか手順を言語化できるもの」のことです。

手順が明確になっているか確認

すぐに着手できること

- 手順書の作成
- ○○画面テストのレビュー
- 契約書の郵送
- ××さんと打ち合わせ日程の調整
- △△様に納期について連絡

すぐに着手できないこと

- ○○会議の準備・進行
- プレゼン資料の作成

パッと見て具体的に何をすべきか説明できないようでは、すぐに着手できません。

たとえば、業務中に行うべきタスクに「○○会議の準備」があるとしましょう。

次に行うべきタスクが、「会議室の予約」「××の資料を人数分コピー」「飲み物の手配」など、すぐに言えるようなら問題はありませんので、「すぐに着手できること」に加えて構いません。

しかし、次に何をすべきかわからない場合。

　「〇〇会議の準備」は「すぐに着手できないもの」に入れ、次のステップで細分化していきます。

自分で仕事を組み立てよう

　「すぐに着手できないこと」があった場合は、それぞれについて、なぜできないのかを考えてみます。

　すると、大きく次の2つの原因が浮かび上がってくるはずです。

　1　指示がざっくりで、タスクが曖昧
　2　長期間にわたる仕事、もしくは複雑な仕事で工程がおぼろげ

社会人は、「自分で仕事を組み立てる」ことが求められます。

　マニュアルを忠実に実行する仕事もありますが、一方で、自分で情報を整理し、考え、動くことが求められるのです。

　ですから、上記2つのような仕事でも、わからないなりに何かしらの答えを見つけなければなりません。

　では、そのためには具体的にどうすればいいのでしょうか？

1 指示がざっくりで、タスクが曖昧な仕事の対処法

　ここでやるべきなのは、「5W1H（場合によって2H）のチェック表」で情報を整理することです。

　たとえば、「イベントの企画を立てて」という指示を上司からもらったとします。ここで、具体的に何をすべきか明確にしたいとしましょう。

　そのとき、次の点を確認してください。

- Why（なぜ）　　　　なぜこのイベントをするのか
- What（なにを）　　目的を達成するために何をするのか
- Who（だれが）　　誰が行うのか
- When（いつ）　　　いつやるのか、必要な手配はいつまでにすべきか
- Where（どこで）　どこで行うのか
- How much（いくら）予算はいくらなのか
- How（どのように）　どのように進めていくのか

　上記がわかれば、自ずと課題は見えてくるはずです。たとえば、「What」のひとつに、「ターゲットのリサーチ」があれば、「リサーチする方法を〇〇先輩に聞く」「過去の事例を調べる」など、次にすべきアクション

が見えてきます。

　また、曖昧な仕事のダンドリをハッキリさせたいときであれば、次のようになります。

● Why(なぜ)	なぜその仕事をするのか〈背景・目的〉
● What(なにを)	どのようなことに取り組むのか〈仕事の内容〉
● Who(だれが)	誰が行うのか〈担当者〉
● When(いつ)	いつまでに行うのか〈締め切り〉
● Where(どこで)	どこで行うのか〈場所〉
● How(どのように)	どのように進めていくのか〈手順〉

　上記がわかれば、「次にやるべきタスクは何か？」を考える手がかりとなるはずです。

　たとえば、「When」がわかれば、「ざっとスケジュールをひく」「逆算して締切りを設定する」などといったアクションが考えられます。

　ただし、最初からすべての情報を埋められるわけではないと思います。

実際の仕事では、曖昧なまま進むプロジェクトも少なくないからです。

最初は大まかな内容でも問題ありません。それぞれの中身を、わかっ

た段階で少しずつ詰めていけば大丈夫です。

　また、ここで次に取るべきアクションを上司に確認しながら進めれば、余計な手戻りなどといったロスなく仕事ができるでしょう。

　ぜひ、上司に確認しながら仕事を進めていってください。

2　長期間にわたる複雑な仕事の対処法

　長期間で取り組む仕事や複雑な工程の仕事は、やみくもに取り組んでも終わりが見えません。

　残りはどれくらいか、今どの部分の仕事をしているのかが把握できていないと、「やっても、やっても終わらない…」と精神的に余裕がなくなってしまいます。

　また、締め切り間近でバタバタしたり、上司や同僚に迷惑をかける事態にも発展しかねません。

　そのような仕事は、いくつかのステップに分けて考えることが重要です。

　そうすることで、それぞれの作業内容や所要時間がイメージでき、遠回りや迷い道のない進め方ができます。

　では、具体的にどうステップを分解していけばいいのでしょうか？
次の図をご覧ください。

仕事のステップ分解

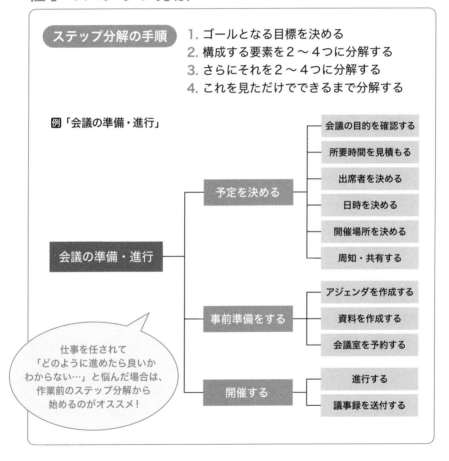

ステップ分解の手順

1. ゴールとなる目標を決める
2. 構成する要素を2〜4つに分解する
3. さらにそれを2〜4つに分解する
4. これを見ただけでできるまで分解する

例「会議の準備・進行」

会議の準備・進行

予定を決める
- 会議の目的を確認する
- 所要時間を見積もる
- 出席者を決める
- 日時を決める
- 開催場所を決める
- 周知・共有する

事前準備をする
- アジェンダを作成する
- 資料を作成する
- 会議室を予約する

開催する
- 進行する
- 議事録を送付する

仕事を任されて
「どのように進めたら良いか
わからない…」と悩んだ場合は、
作業前のステップ分解から
始めるのがオススメ!

　たとえば、「会議の準備・進行」を初めて頼まれたとします。これはそこまで複雑な作業に入らないと思いますが、「どのように進めたら良いかわからない」と悩んだと仮定して、ステップ分解をしていきたいと思います。

　まず、この作業を構成する要素に分けてみます。今回のタスクだと以下に分けられます。

①　予定を決める
②　事前準備をする
③　開催する

　これは、料理（カレー）で言うと、「煮込む」「ルウを入れる」といった大まかな工程にあたる部分です。

　そこから**各要素について、具体的に作業をするレベルに細分化していきます。**

　料理の例で言えば、「具材を一口大に切る」「厚手の鍋にサラダ油を熱する」「具材を炒める」「玉ねぎがしんなりするまで炒める」です。

　「会議の準備・進行」のお話に戻すと、①「予定を決める」は、「会議の目的を確認する」「所要時間を見積もる」「出席者を決める」「日時を決める」「開催場所を決める」「周知・共有する」に分解できます。

ここでもし、すんなり分解できなかったり、自信がなかったりした場合は、周りの人に確認すべき内容ということになります。

「優先順位」のつけ方

タスクの所要時間は、想定の120％が目安

　タスクを書き出すことで、頭の中を整理できたのではないでしょうか？
　これで、少なくとも「何がわからないかもわからない」ことは妨げるはずです。
　これだけでもかなりの進歩なのですが、もう少しだけ！
　並べたタスクに優先順位をつけて、効率的に作業を進めていきましょう。

　私は今よりポンコツだった頃、仕事の順番をどう決めたらよいか悩む場面が多々ありました。基本的には、進め方に迷ったら上司や先輩に確認することが大切ですが、一方で自分なりに適切な順番で仕事を進められるようにしておくことも肝要です。
　では、具体的にどうやって優先順位をつけていくべきか？
　次の図をご覧ください。

3ステップのToDoリスト作成フロー

 タスクを 洗い出す ▶ 予想時間を 書きこむ ▶ 優先順位を 決める

ToDoリスト

タスク
手順書作成
会議の準備・進行
画面テストのレビュー
契約書郵送
プレゼン資料作成

ToDoリスト

タスク	所要時間
手順書作成	60分
会議の準備・進行	30分
画面テストのレビュー	30分
契約書郵送	15分
プレゼン資料作成	120分

ToDoリスト

優先度	タスク	所要時間
⑤	手順書作成	60分
②	会議の準備・進行	30分
④	画面テストのレビュー	30分
①	契約書郵送	15分
③	プレゼン資料作成	120分

小さな仕事もToDoリストで整理して、
わかりやすく「見える化」するのがオススメです。

3ステップに分けて解説したいと思います。

といっても、ステップ1は「今やるべきこと」ですでに解説済みですから、ステップ2から行きたいと思います。

ステップ2は、タスクの「予想時間を書き込む」ことです。

洗い出したタスクに、作業にかかるであろう所要時間を書き込んでいきます。

ここで、ポイントがあります！

それは「自分が想定した時間×120％」で所要時間を書き込むことです。

Lesson 4 でも解説いたしますが、多くの人は自分の実力を過信しがち。ですから、タスクにかかる時間も甘く見積もってしまうのです。

多くの人がこれで計画倒れするのですから、ポンコツな私は言わずもがな。

もしかしたら、120％でも甘いかもしれません。少し自分に厳しいくらいで丁度いいでしょう。

「重要度」「緊急度」の2軸で考える

ステップ3では、タスクに優先順位をつけていきます。

優先順位は、右図のように緊急度と重要度の2軸で整理していきましょう。

4つのカテゴリーにタスクを分けたら、次の順番でこなしていきます。

1　重要度高い×緊急度高い

2　重要度低い×緊急度高い

3　重要度高い×緊急度低い

このように、タスクの所要時間と優先順位をつければ、「1日の仕事量」が把握できます。

自分の頭の中の整理が終わったら、タスク実行前に上司に確認しても

優先順位を明確にする

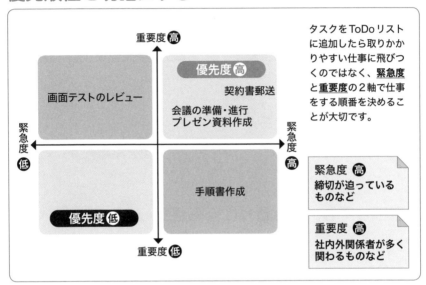

重要度 高

優先度 高

契約書郵送

画面テストのレビュー

会議の準備・進行
プレゼン資料作成

緊急度 低

緊急度 高

手順書作成

優先度 低

重要度 低

タスクをToDoリスト
に追加したら取りかか
りやすい仕事に飛びつ
くのではなく、**緊急度**
と**重要度**の2軸で仕事
をする順番を決めるこ
とが大切です。

緊急度 高
締切が迫っている
ものなど

重要度 高
社内外関係者が多く
関わるものなど

らいましょう。

　こうして頭の中を整理すれば、上司や先輩に自分の仕事の状況を説明
できますし、キャパオーバーしているのであれば、交渉して仕事を減ら
してもらうこともできるはずです。

　今やるべきことは自分の力で対応できるのか。それを可視化するため
にも、思考整理は大切なステップなのです。

計画倒れしない
「ダンドリ術」

自分の実力を過信しないで!

　頭の中身を整理してToDoリストを作成したら、あとは実行していくのみ!
しかし、多くの人は、こう思うのではないでしょうか?

「計画しても、予定通りに仕事が進んだことがない!」

　まさに、過去の私がそうでした。
　緊急の仕事を頼まれたり、手戻りがあったり、見込みよりも時間がかか
ってしまったり…、タスクを実行するために必要な準備や手順が狂って、
残業だらけの毎日でした。

「なんでタスク管理しているのに、こんなに時間をロスするんだろう?」
「優先順位の立て方が悪い?」
「そもそも、計画とかムダ?」
などといろいろと考えましたが、悩み抜いた末に私はある結論に至りました。

それは、「自分を過信しないこと」です。

　考えてみてください。
　過去に、「これくらいの仕事量なら、1時間でできそうだな」と思って、その通りに終わったことは、どれくらいありますか？
　そう、人は自分の力を過信しすぎなのです。

　私たちは就業時間に目いっぱいタスクを詰め込みがちですが、実際は「あれ？　もしかしたら余裕で終わるかもしれない」くらいで丁度いいのです。

　では、どのように仕事を進めていけばいいのでしょう？
　私の失敗から学んだ「計画倒れしないための予定の立て方」をご紹介します。

バッファーをもうける

　仕事は予想外の連続。そうした予想外に振り回されていたかつての私は、毎日仕事を遅延させ、メンバーに迷惑をかけていました。
「あと、〇時間で終わります…」とお茶を濁しては、チームメンバーを待たせていたのです。

　メンバーも、私の報告を差し引いて聞いてくれていたとは思いますが、これが何度も続けば、オオカミ少年のように信用されなくなってしまいます。

　そうしたしくじり体験を通じて学んだ教訓が**「自分の見込みを過信するな」ということ**です。

　２時間で終わると思っても、その時間に終わることは、ほぼありません。想像以上に速くできたらラッキーなのです。

　逆もまた然り。よく、「仕事の締切まで、〇週間もあれば余裕」という声が聞こえてきます。

　ですが、ほとんどの人が「このままじゃ間に合わない！」と最後になって慌てだします。

　まるで、夏休みの宿題のようです。

忘れないでください。**「〇週間もあれば余裕」の余裕というのは、「今、動き出せば」という前提が隠されていることを。**

自分の力を過信せず、「余裕だな」と思ったときこそ早めに始めましょう。

ともあれ、どんな仕事にもバッファーは設けましょう。

Lesson 3でも解説しましたが、「自分が想定した時間×120％」を目安に、仕事の所要時間を設定しましょう。

それでも不安だという方は、150％に設定してもいいかもしれません。

小さなタスクは、溜め込まない

タスクの優先順位を考えるのは、非常に大切です。

ですが、5分以内に終わるような優先順位に加えるまでもない仕事もあります。

「了解」だけの返信、会議室の予約、クライアントへのお礼の電話…「すぐ片づけられるけど、あとでタスクに書き込めばいいや」と思っていませんか？

先ほどはありがとうございました

こうした小さな仕事は溜め込まないで、気づいたらすぐに済ませることをオススメします。

仕事の流れをせきとめてしまうからです。

仕事の流れを小さな川に見立てるなら、タスクは中くらいの石。

そして5分以内で終わる仕事は、小石です。

私のようなポンコツさんは、こうした小石を溜め込んで川の流れをせき止めてしまいます。

一方、デキる先輩たちは仕事の流れに淀(よど)みがありませんでした。

頼まれ事、部下からの相談、電話対応など、小さな仕事はいきなり入ってきます。

そうした仕事に煩(わずら)わされずに本来の仕事に集中するために、溜め込まない努力が必要です。

先延ばし対処法「タスクのつまみ食い」

すぐにこなすべきタスクがあるのに、なかなか手をつけられない。そんな先延ばしグセのある人には、ぜひ試してみていただきたいことがあります。

それは、タスクの「つまみ食い」！　とりあえず、手だけつけてみるのです。

依頼されても手をつけていない仕事より、作成途中の資料など、少し取りかかった仕事のほうが「続きをやらなければ」という意識が働くからです。

優先順位は決めますが、私は先延ばし防止のために、ひとつの仕事に集中するのではなく、複数の仕事に20％ずつ取り組んでいます。

タスクのつまみ食いの効果はこれだけではありません。

自分の見積もりの甘さも修正できます。

依頼された仕事を期限間近まで放置していて、始めてみると意外と時間がかかったり、わからないことが多かったり、難しいことがわかったことはありませんか？　私はあります（笑）。

でも、期限まで時間がないため、仕事そのもののスピードを上げなくてはなりません。

そうなると、焦ってミスしてしまいます。

動き出しは速く、仕事はゆっくり丁寧に。

こうすると、時間的にも精神的にも余裕を持てるので、結果的に仕事のスピードも上がることが多いのです。試してみてください。

「一発OKを目指さない」。30％の進捗で確認

仕事は完成してから上司に報告！
そんなこと、考えていませんか？

私もそうだったように、多くの人がそう考えていると思いますが、むしろ逆です。

仕事では、作業が30％くらい進んだときに一度見せるのが理想です。

自分が違う方向に進んでいたら、軌道修正してもらう必要があるからです。

仕事のゴールやそこに至るプロセスが自分の中でハッキリしていても、人が求めている成果や基準と違うことがあります。

自分なりに工夫して、一生懸命頑張ったのに「いや、そうじゃないんだ…」と言われたら、ガックリきてしまいますよね。私もこんな悲劇を繰り返して学んできました。

　こうした事態を防ぐためには、仕事が30％くらい進んだ状態で一度上司に見せましょう。**目的は、方向性の確認です。**

　私は、まず計画を立てた時点で計画が合っているか上司に確認します。
　とはいえ、「上司に何回も確認するのは、迷惑では…」と感じるかもしれませんね。
　特に新人のときは上司を気遣うあまり、「こんな中途半端な状態で持っていけない」と思い、確認を後回しにしてしまいがちです。
　せめて70％くらいは出来上がってから…と考える方が多いのですが、実は30％くらいの段階で一度チェックしたいと思っている上司も、案外多いのです。
　その段階なら、**上司としても「この方向性でOK」「ここをもう少し変えたほうがいい」といった指示を出しやすい**からです。

　もちろん、「いいよ、見せなくて。進めちゃって！」と言われたら大丈夫ですが、上司がどんなに忙しくても確認することをオススメします。
　方向性を誤って、イチからやり直しするよりもマシですから。

　それに、今チームリーダーとして働く私の立場からすれば、経過チェックをお願いしてくる部下は有難い存在です。そこで部下の報告を面倒

くさがる上司は、ちょっと問題があるかもしれませんね。

　もし中途半端なものを見せるのが不安な場合は、**指示を受けたタイミングで「このくらいできた時点で、一度見せてもよろしいですか？」と、先手を打って確認しておけば安心**です。

　ともあれ、やみくもに頑張って評価されないよりも、努力の方向性を見誤らない。
　それが、仕事の手戻りを減らすコツだと思います。

「ホウレンソウ」より「確認・相談・共有」

　報告・連絡・相談。仕事はいわゆる「ホウレンソウ」が大事と言いますが、**私のようなポンコツさんが徹底すべきは「確認・相談・共有」です。**
　ホウレンソウというと、どうしても「伝える」意識が先に来てしまいますが、「確かめる」意識を常に持ってほしいなと思います。
　報告とは、仕事が「完了しました」か「こうなりました」と連絡することです。
　上司から一発OKがもらえるなら、報告だけで構いませんが、オススメしません。

　たいていは、上司にサプライズと余計な仕事をプレゼントすることになるからです。

「え!?（勝手に進めちゃったか〜、やり直しの指示出さなきゃ…）」という困惑したリアクションと心の声が、頭に浮かびます。

ここでも、「自分を過信しない」の精神が根づいています。

　私は新人の頃、ホウレンソウがとても苦手でした。

　私なりに報告も連絡も相談もしていたのですが、実際には伝わっておらず、何度も上司と認識の齟齬（そご）を起こしてトラブルを発生させていたのです。

　詳細は省きますが、確認不足でデータ準備をしてくれた先輩の作業を無駄にしてしまったことは、心苦しい思い出としてずっと覚えています…。あのときは、すみませんでした。

何よりもまずは、確認。

自分では「大丈夫だろう」と思っても、念のために事前確認すると、自分が大丈夫だと思い込んでいたことや、相手が誤解していたことがわかったというケースがあります。

　意外と多いコミュニケーションミスなので、しつこいくらい確認しても大丈夫でしょう。

次に、相談。

　いろいろなデキる人を観察してきましたが、私が思う仕事を回すのがうまい人は、先に相談するのが上手な人でした。

　指示を受け、自分で方向性や対策をざっくりと考えたうえで、「自分なりの答え」を持っておき、「こう考えたのですが、合っていますか？」「大丈夫そうですか？」という作業確認をしているのです。

そして、「より効率的な方法はありますか？」と周囲に意見を求める。

　こうすることで、仕事の余計なロスを回避していました。

　一度にそこまでやるのは難しいかもしれませんが、時間がかかっても自分なりの答えを出して確認することはできるはず。ぜひやってみてください。

最後に、日々の共有。

現場の状況は刻一刻と変化します。そうした中で、周りの人とこまめに状況を共有していれば、自分が気づかないリスクや対応策のフィードバックがもらえます。

上司が忙しくて、情報共有したのに返信が来ない場合でも、気にしないでください。どの程度共有するのがちょうどいいかは、経験を積む中でわかっていきます。

一番よくないのは、上司に「あれ、結局どうなった？」と聞かれてしまうこと。上司が知りたいのは部下の進捗状況。共有は、し過ぎるくらいで丁度いいのです。

相談上手は、ダンドリ上手。「確認・相談・共有」を意識しましょう！

仕事のスペシャリストを探そう

仕事は、ひとりで抱え込んではいけません。

頼ったり、巻き込んだりしながら、デキる人の知識を借りて解決にあたるのが鉄則。

誤解しないでほしいのは、頼ることは丸投げではないということ。

上司やデキる先輩の知識に頼って、思考停止するのはNGです。

仕事の主導権は自分にあることは、忘れないでください。

周囲を頼るのは、あくまでもゴールに近づくための手段です。

しかし、上司や先輩がすべての答えを知っているわけではありません。

そんなときは、まず上司に「ここで悩んでいるんですけど、どなたに聞いたらいいですか？」と聞いてみることです。

上司が「見るよ」と言ってくれれば問題ありませんし、「この人に聞いたら？」と紹介してくれることもあります。

もしできるなら、いざというときに質問できるよう、その分野に詳しいスペシャリストと関係を築いておくことをオススメします。

そこまでできなくても、日頃からアンテナを立てて「他の人がどういう仕事をしているのか」「どんな仕事が得意か」など、興味を持っておくことは大切です。

全体を見渡してリソースを活用する力は、リーダーや管理職になってからも役立ちます。

すべての仕事にデッドラインを！

たとえば今日がクライアントのアポも、会議も、経費精算もなく、資料作成に集中できる日だとします。

みなさん、こうした1日をどう過ごしますか？

もしかしたら、漫然と資料づくりをして、**「あれ、もう夕方!?」** となっているのでは？

どの職種にも、時間をかけようと思えばいくらでもかけられる仕事があるはずです。

こうした仕事は没頭しがちですが、その結果、残業が増えてしまうのは問題です。

実はこれ、私の反省でもあります。

今よりもポンコツだった頃は、残業がめちゃくちゃ多かったのです。

今思えば、ムダな残業が多かったと思います。

時間を区切る習慣がなく、ダラダラと仕事をしていました。

「時間をかければクオリティが上がる」「上司に資料を見せるまで今日

は帰らない!」など、いろいろと勘違いしていたと思います。

問題は、自分の仕事にデッドラインを設けていなかったことでした。
デッドラインとは、必ず間に合わせ
ないといけない締め切りのことです。

　午前中は大体この仕事、14時ま
でにこの仕事が終わればいいと曖昧
に考えていました。

　でも、それではダメなのです。1
日で資料をつくるのだとしたら、構
成は9〜10時の1時間、ラフ案の作
成は15時までといった具合に、具体
的な自分の中のデッドラインを立て
るべきなのです。

「今日はこの時間までしか使えない!」
といったように、仕事のお尻を決め
てしまいましょう。
　デッドラインがあると、メリハリ

9:00	
	資料の構成を考える
10:00	
	上司にチェック依頼
11:00	
12:00	
	お昼
13:00	
	手書きで ラフ案を作る
14:00	
15:00	
	スライド1作成
16:00	
	スライド2作成
17:00	
18:00	
19:00	

をもって目の前の仕事に集中でき、仕事を早く終わらせることができます。

　本来のデッドラインよりも厳しめに引いておくことで、見込み時間が誤っていてもまだスケジュール調整が効きますし、慌ててミスすることを防ぐこともできるのです。

　人によっては、プライベートや副業、部下のマネジメントに時間を取られて、本業に時間をかけたくても、かけられなくなるときがきます。

　そのときのために、すべての仕事にデッドラインを設ける習慣をつけておきましょう。

仕事時間の見込みを上げる方法

　すべての仕事にデッドラインを設けても、全部終わらないこともあるかと思います。ですが、それでも構いません。大切なのは、時間を区切って仕事をする習慣です。

　自分の中でデッドラインを決めておけば、「このペースだと終わらない」といった具合に、自分の仕事を俯瞰的に管理できるようになります。

　そのためには、「計画通りにいかなかった」で終わらせず、計画と実際にかかった時間を比較してください。

　仕事が終わったあとに時間の使い方を振り返ることで、仕事にかかる時間の予測精度が上がり、見込みが正確になってきます。

やり方は、Lesson 3「優先順位」のつけ方、STEP 3 の図（P105）をちょこっと改良するだけ。下の表のように、所要時間（見積り）の横に、所要時間（実績）をつけます。

こうすると、「打ち合わせの準備、実際は60分もかかっちゃったな…。今度からは、これくらいで予定しておこう」と考えられます。

仕事時間の見込み精度を上げよう

優先度	タスク	所要時間 （見積もり）	所要時間 （実績）
⑤	手順書の作成	60分	120分
②	会議の準備・進行	30	60
④	画面テストのレビュー	30	30
①	契約書郵送	15	15
③	プレゼン資料作成	120	180

明日の仕事は一覧にして退社

仕事が終われば、すぐ退社！　したいところですが、ちょっとだけ待ってください。

時間になったらすぐ帰るのではなく、少しだけ1日を振り返る時間を設けてください。

予想した仕事時間と実際にかかった仕事時間のズレを比較して、その原因を考えてみるといいかもしれません。

また、**振り返りの一環で、「明日の自分への引継ぎ」もオススメです。**「△△さんに質問する」「○○の調べものをする」「××の依頼をする」などやるべきタスクを書き残せば、明朝に引継ぎ内容を見て「そうだった、そうだった」とスムーズに仕事に入ることができます。

いずれも、箇条書きやメモ程度で構いません。振り返りは大切ですが、そこに時間をかけるのはもったいないですし、気が滅入ります。

今日やり残したタスクを書き写すことも忘れずに！

組織で得する 「コミュニケーション」

好かれる前に「敵をつくらない」

みんなの助けを借りながら成長する。

そのためには、多くの人から好かれる必要があります。

ですが、みんなから好かれようとすると「媚びている」「八方美人だ」などと陰口を叩かれかねません。

それに、コミュニケーションが苦手な人にとって、みんなに好かれようとするのはハードルが高いでしょう。

何より、自然体でいられないので疲れてしまいます。

いきなり、みんなから好かれようとしなくても大丈夫です。

それよりもまず、**「組織で敵をつくらないこと」が先**なのではないでしょうか?

そうはいっても、誰にだって職場には苦手な人や合わない人がいるものです。

ただ、だからといって彼・彼女らと敵対する必要はありませんよね?

敵対する人が多くなるほど、自分が損してしまうからです。

　私たちがピンチのとき、親しい人が周りにいなければ、それ以外の人に頼るしかありません。
　そんなとき、周りが敵だらけだと助けを求められませんよね？
「この人、苦手だ…」と思うと、アドバイスだって素直にもらえません。

　苦手な人、合わない人と仲良くするなんて、それだけでストレス…。
　そんな声も聞こえてきそうですが、問題ありません！
　無理に仲良くする必要などないのですから。

　では、どうすればポンコツさんは組織の中でうまくやっていけるのでしょうか？
　まず、いかに敵をつくらないで職場の人とつき合うか、その方法を伝えます。
　そして、どのように味方を増やしていくのか。順を追って説明します。

人間関係の基本ルールは「1：7：2」

「**あなたのことが嫌い**」という人は一定数います。悪いことをまったくしていなくても、です。

嫌いというと語弊があるかもしれませんね。「気が合わない」といったほうが正確でしょう。

人間関係では、あなたが何をしても合わない人が1割いるそうです。そして、行動によっては合う・合わないが分かれる人が7割。

ただ、何をしても合う人が2割もいるそうです。「1：7：2」の法則ですね。

私自身、上司と折り合いが悪くて悩んでいたことは前に説明した通りです。

そんなとき、人間関係は「1：7：2の法則」があると知ってハッとしました。

何をしても気の合う人もいれば、気の合わない人もいる。それは、私の努力不足というわけではありません。

人間関係のルールみたいなものなのです。

　そう考えると、すっと気がラクになりました。「そういう人もいる」と納得ができたことで、合わない人と一緒にいても、相手を無用に嫌ったり、モヤモヤしなくなったからです。

　そもそも職場では、様々な年代、境遇、価値観の人が働いています。わかり合うことが難しい場所で、気の合わない人くらいいて当然です。

**　人間関係は面白いもので、合わせ鏡のようにこちらが嫌えば相手も自分を嫌います。**

　そうして、不要にいがみ合っていくのです。

　ですが、「1：7：2の法則」を考えれば、相手がこちらを嫌いでも、「合わない人」と割り切れるので、自分はそれほど相手を嫌わなくても済むのではないでしょうか？

　敵意を剥き出しにされて笑顔で返せるほどの強メンタルになる必要はありませんが、お互いに合わない人同士、適切な距離感でつき合うことはできるはずです。

相手を嫌いにならない。これが、敵をつくらない第一歩と言えるでしょう。

「好かれている」と思い込もう

一方が嫌えば、もう一方も嫌う。それは、逆もまた然り。

人は、自分に好意を抱いてくれる人を嫌いにはなれません。

これを応用して、私は合わない人と接するときは、**相手に「好かれている」と思い込む戦略を取っています。**

合わない人にも笑顔で接することで、「自分はこの人が好きだ！」と脳を騙すのです。

「この人は私のことを嫌っている」と思うと、イライラして顔も強張ってしまいます。

また「嫌われているかも…」と思うことで、相手の反応を伺ってしまいます。

すると、相手に不安が伝わってしまい、余計相手も不安になります。人見知りの子でよくあるパターンですね。

一方で、「相手に好かれている」と思い込むと気がラクになり、自然な笑顔で愛嬌のあるコミュニケーションができます。

まずは「相手は自分に敵意を抱いていない」と思い込みましょう！

そして、笑顔は自分から。

そうすれば、相手も自分に好意を向けられていることがわかるので、無碍（むげ）にはできないはず。

これこそが、「柔らかな武器」です。

ここまで勧めるのは、私が「好かれている」と思い込むことで得をした実体験があるからです。

というのも、入社3～4年目で仕事も徐々にできるようになってきた頃、隣のチームに誰に対してもぶっきらぼうで怒った言い方をする先輩社員がいました。

仕事はできるのですが、多くの新人は怖くてその人に近寄れなかったようです。

ですが、ポンコツである自分を受け入れてくれたチームで、次第に心を開けるようになっていた私は、積極的にその先輩にアドバイスをもらいに行きました。

「よく行けるね！」と驚かれていましたが、その先輩をよく観察した結果、口が悪いだけで聞けば教えてくれることがわかったからです。良く言えば職人気質（しょくにんかたぎ）。

その人は、教えることが嫌いというわけでもなかったと思います。

わざわざ、チクリと嫌味を言われたいわけではありません。

でも、嫌われているわけではないのなら、いろいろと教えてもらいたい。

そこで、「私はこの人に好かれている」と思い込むことで、こちらから懐に飛び込むことにしたのです。

すると、徐々にこの先輩は周りに教えていなかった仕事のやり方を教えてくれるようになりました。

相変わらず周りは敬遠していましたが、そのお陰で周りから一歩先に出ることができたと思います。

職場の人間関係で壁をつくっていたかつての私だったら、行けなかったと思います。

でも、「この人は優しいから、この人に話を聞こう」と、**同じ人ばかりと接していたら、そのぶん成長する機会が減ってしまうのではないでしょうか？**

職場での人間関係を狭めるのは、もったいないことなんです！

いや、相手が自分を好きだと思い込むって、ハードルが高い……、**そう思う方は、「笑顔の練習」から始めてみてはいかがでしょうか？**

　人って意外と単純なもので、笑顔になれば「その人のことが好きだ」と錯覚してしまいます。

　自分が笑顔になるだけで、つられて相手も笑顔になれば、しめたものです。

　ちなみに私は毎朝、数分だけ笑顔の練習をしています。ただ、鏡の前で微笑むだけ。

　自分はコミュ障だと思い込んでいる人も、ちょっと試してみてください。

　とっても単純なことですが、効果は絶大なので得すること間違いなしです。

「合わない人」との適切な距離感

　合わない人を好きだと思い込むどころか、近づくのさえイヤだという人もいると思います。

　確かに　こちらが心を開いても、中には「これ以上、距離を縮めるのは難しい」と感じる人もいます。

　そんな人は、こう考えてみてはいかがでしょうか？

「仕事はチーム戦。だから、チームのコミュニケーションに支障をきた

さなければ頑張って仲良くなる必要はなく、最低限のつき合いで大丈夫」

　相手を苦手だと思ってしまうと、うまく回らなくなってしまいます。
　でも、仕事さえ問題なく進めばOKなのですから、仮に相手の性格が
悪くても、問題はありません。

　もちろんパワハラなどをされていたら問題ですが、ひっかかる言い方
をしてきたり、イラっとする程度なのでしたら、ある程度スルーしてみ
てはいかがでしょう。
　「なんで、あの人はこんな言い方をするのだろう」と考えたところで、
答えは出ません。
　なぜなら、「そういう人」だからです。

　たいていの場合、あなたの仕事に対して指摘しているだけで人格は否
定していません。
　そうした人もいるかもしれませんが、仕事上の関係さえうまくいけば
いいのですから、ドライに割り切ってしまいましょう。

　逆に言えば、どんなに合わない人であっても最低限の関係づくりは欠
かせません。

　まったく話したことがないのに、困ったときにアドバイスを求めても、「そういうときだけ聞いてくるのか」と思われてしまい、助けてくれないからです。

　かといって、特別なコミュニケーションはいりません。
「おはよう」「お先に失礼します」の挨拶だけは、怠（おこた）らない。
「ありがとう」「ごめんなさい」だけは伝える。
　何か困っていそうだったら、声掛けをする。

遠すぎず、近すぎず、適度な距離感をキープするだけです。

　一緒に仕事をしている以上、お互いに一日中話さずにいられることはありません。
　それが可能だったとしても、それでは仕事に支障をきたします。
　話したくないからといって、報告もしないでいるとミスも起きやすくなるでしょう。

無理をして、誰とでもプライベートの話や雑談をする必要はありませんが、仕事上の相談や報告をするうちに、一緒にいるときの居づらさは緩和されていきます。

　合わない人とは、お互いのテリトリーを侵さない気持ちのよい関係を築いていきましょう。

　ちょっと話が逸れるかもしれませんが、職場の人との距離感つながりでもうひとつお話を。

職場に不機嫌さんっていませんか？

　デスクでイライラして、負の感情を撒き散らす人のことです。

　こうした不機嫌な人が近くにいると、「私のせいかな？」「私のこと嫌いなのかな…」とモンモンと考えてしまいがちですが、その人の不機嫌の理由を自分に探してはいけません。

言われてもいないことを、勝手に想像しない

　言われてもいないのに、わざわざ自分が傷つくことはありません。

　相手の気持ちを想像して、真意を探ろうとしたり、自分に原因を求めても、いい答えは出てきません。

誰かが不機嫌を撒き散らしていたら、近寄らないことが一番です。

今すぐ「聞き上手」になる3つのポイント

ここまで、人間関係のルールについてお話ししてきました。

良い人間関係を築くためにはコミュニケーションが欠かせません。ただ、そのコミュニケーションが苦手という方は少なくないでしょう。

うまく話そうと思うほど、うまく話せなくなる…。

そんな方は**「うまく話そう」と思うより、「聞き上手」を目指すことをオススメします。**相手主導で会話をさせ、「この人、話しやすい！」と思ってもらうのです。

たいていの場合、人は「自分の話を聞いてくれる人」を嫌いにはなりません。

もちろん、本当の「聞き上手」になることは簡単ではないでしょう。

適切なコメントをしたり、「間」を意識したり――聞くことは本当に奥が深いものです。

ですが以下の3つの「聞く姿勢」ならば、すぐできるはず。

1. 相手のいる方向に体を向けて話を
   聞く
2. 「そうなんですか!」「すごいですね!」
   「なるほど!」など、リアクションを
   とる
3. 「○○のようにすれば良いのですね!」
   と、相手の発言をオウム返しする

　意識すれば、すぐにできる気がしませんか？

「聞く姿勢」を意識するだけで、相手の印象は大きく変わります。

　想像してみてください。4月から入ってきた新入社員。いつもニコニコしていて素直。

「すごいです!」「そうすれば良いのですね!　ありがとうございます!」と、自分の話を熱心に聞いてくれる。

　そんな新入社員がいたら可愛く思いますし、困っていれば助けてあげたいと思いませんか？

「相手に関心がない人」が習得すべき2つの聞く力

コミュニケーションの基本は、「相手に興味を持つ」。

そうは言うものの、なかなか興味を持てないこともあります。

会話が苦手な人の中には、「興味がないから、話を広げられない」という人もいるのでは？

それ以上に、ポンコツさんは相手に関心を持つ余裕がないのかもしれません。

ですが、いつも関心のベクトルが自分に向いているようでは、周りに好かれるのは難しい。

本当は誰だって自分が一番ですし、関心を持って自分の話を聞いてもらいたいのですから。

では、相手への関心が薄く会話が苦手でも、人と親しくなることはできるのでしょうか？

答えは…できます！　ぜひ、次の2つを実践していただきたいと思っています。たとえば、こんな感じです。

1 相手の感情に寄り添う

「昨日、出勤しようとしたら人身事故があってさ〜、迂回ルートを探してそっちから出社したんだけど、すっごい混んでて2時間も遅刻しちゃったよ」

「**それは、ついてなかったですね。**午前中の仕事、大丈夫だったんですか?」

「会議、出られなかったよ。私がプレゼンするはずだったんだけど、他の人にやってもらって…、遅くまで苦労して資料つくったのになぁ…」

「**辛かったですね、**でも、〇〇さんだったら、またチャンスが巡ってきますよ!」

コツは「自分がその立場だったらどう感じるか」「どう言ってほしいか」を想像すること。

上記の例だったら、慰める言葉をチョイスする感じでしょうか。

当たり前と思われるかもしれませんが、これだけで言葉のキャッチボールが続きます。

2 質問でつなげる

「一昨日、サーフィン行ってきたんだ」

「いいですね。**どちらに行ったんですか？**」

「湘南だよ！」

「湘南か〜、**いつも湘南に行かれるんですか？**」

「そうだね〜他には房総のほうとか行くけど、湘南が多いかな」

「お気に入りのスポットなんですね、**どのへんがお気に入りなんですか？**」

「波がいいですね！　家が近いっていうのもあるんですけど」

「あ、〇〇さん、**ご自宅は湘南の近くでしたっけ？**」

……

　このように、無限に続けられますのでかえって切りどころが難しいこともあります。

　ともあれ、**相手の話を引き出してあげるイメージを持つとうまくいく**ので、試してみてください。

　ここでのポイントは、いくつも話題を振るのではなくひとつの話題について掘り下げていくこと。

ただ、ちょっとだけ注意してください！

　会話を続けようと、つい質問攻めにしてしまう人を見ることがあります。しかし、それは盛り上がるどころか逆効果です。
　詰問<ruby>(きつもん)</ruby>されている印象を相手に与えかねません。

　質問して、答えが返ってきたらリアクション。相手の答えに対してきちんと反応しましょう。
　そのうえで、関連する質問を繰り返して話を掘り下げていきます。
　これだけで、あなたが興味を持って話を聞いていることが相手にも伝わり、気持ちよく話をしてくれるようになります。

　私はどちらかというと、相手に興味を持って話を聞くのが得意なので、その人の印象とのギャップを探してしまうクセがあります。たとえば、

● 静かな印象だったけど、アクティブな趣味を持っている
● 強面<ruby>(こわもて)</ruby>なのに、下戸<ruby>(げこ)</ruby>でスイーツ好き
● チャラそうなのに、コアな文学好き

　こうしたギャップを探すと、相手に興味を持てますし、好きになるきっかけにもなります。

こうしたギャップを探すためにも、他愛のない会話を重ねてください。

相手から好かれる第一歩は、自分から壁を取り払うことです。

雑談での沈黙が怖い

質問しても、相手の話をうまく引き出せなかった…、でも、気にしないでください！

沈黙したとしても、おそらく相手は何とも思っていませんから!!

会話が苦手という人の中に、「沈黙が怖い」という人がいます。

「まずいこと言っちゃったかなぁ？」など、アレコレ考えてしまう気持ちはよくわかります。

でも、沈黙は悪いことではありません。会話は途切れていいのです。

そもそも、なんで沈黙が怖いと感じるのか。

それは、会話のキャッチボールをしていると、返してくれることが当たり前になるからです。

キャッチボールが始まったら、投げ続けなきゃいけないと思われるかもしれませんが、なんとなく始まったものですから、**なんとなく終わっていいのです。**

内容によっては沈黙したり、反応が薄いことも往々にしてあります。

そんなときに、答えが返ってこなくても気にしない。

職場でコミュニケーション能力の高い先輩方は、相手からの返事を期待していませんでした。

自分がしたいからコミュニケーションしている。

それは決して独りよがりという意味ではなく、相手に見返りを求めていないだけなのですね。

他愛のない会話の積み重ねが良好な関係につながっていくので、沈黙したら焦るのではなく、「また仕切り直し」と軽く考えてみてください。

「空回りしない気遣い」のポイント

職場で、気を遣おうと思っても空回ってしまう。

私もそうだったので、非常によくわかります。

基本的には自分の仕事に集中すべきですが、「自分の仕事の範囲にし

か関心がない人」と思われるのも心外です。今は仕事ができなくても、チームの役には立ちたいのです。

　かといって、仕事ができないうちに職場で気を遣おうと思っても、たいていは失敗します。

　これは、ある程度「慣れの問題」なので仕方がないでしょう。

　仕事に精通している人は経験上、手伝ってほしいポイントや繁忙期、どの工程で行き詰っているかを想像できます。だから、気遣いポイントがわかるのです。

　では、わからない場合はどうすればいいのでしょう？
　私の答えは「素直に聞いちゃえばいい」です。

　不機嫌な人の対処法の解説で、「相手の気持ちを勝手に想像しない」と伝えました。

　その理由は、自分の勝手な想像で気持ちを読もうとしても外れるからです。わからなければ、聞けばいい。

　たとえば、残業が続いている先輩には、「何かお手伝いできることはありますか？」と聞いてみる。断られればやめればいいだけで、必要以上に干渉する必要もありません。

体調不良で遅刻した同僚がいれば、「体調が悪い」という確かな情報があるから、「大丈夫？　この仕事は代わりにやっておくから、先に帰ったら？」と声を掛けられるのです。

嫌らしくない「先輩の褒め方」

周囲の助けを借りながら成長していくためには、今いる環境で可愛がられる必要があるのですが、明らかな「ヨイショ」は白々しいだけでなく、周囲から「八方美人」と陰口を叩かれてしまいます。

一方で、**素直に仕事を教えてくれる先輩への敬意を示したいけど、なんと伝えればいいかわからない人も少なくないでしょう。**

「この仕事、いいですね！」と目上の先輩にコメントしたら、なんだか「上から目線」と思われそう…。

確かに伝え方は難しいものですが、だからといって何も伝えないのは、もったいない気もします。

　では、どうすればいいのか？　ポイントは３つあります。

　まず心掛けてほしいのは、**嘘をつかないこと。**

　本心から思っていないことは相手に伝わりませんし、「無理して言ってるのかな？」と思われてしまい、かえって心証を悪くしかねません。

　２つ目は、**相手の長所を探す。**「ハードルが高い！」と思われたでしょうか？

　一見、難しいように思われますが、実は本書を読んでいる方にこそ分があると思います。常に周りをよく観察して周囲の良いところを真似しようとしているからです。

　そう考えると、相手の長所を探すことは、むしろ特技と言えると思います。

　相手の長所が見つかれば、あとは「こういうところが、素晴らしい」と伝えるだけ。といっても次のことに留意してください。

　それは具体的であること。

　たとえば、クレーマー対応が鮮やかな先輩がいるとすれば、

「苦戦する人が多いのに、いつもお客様対応が鮮やかですね」

　とか、資料作成の上手な先輩がいれば、

「先輩の資料はグラフが見やすいですね。私はこうはつくれません」

といった具合に、「ここがスゴい」という点を伝えるのです。

さらに、「教えてほしい」ということを伝えられればベストです。
「〇〇さんのように、気持ちよくお客様対応したいのでコツを教えてもらえませんか？」とか「この資料のグラフって、どうやって作っているんですか？」といった具合に、伝えてみてはいかがでしょうか？
気持ちよくなって、さらに教えてくれること間違いなしです。

ちなみに、私は相手の長所は上司だけじゃなく、部下にも伝えるべきだと考えています。
無理をして褒めるのではなく「こういうところがいいね」と具体的に伝えることで、「あなたのここを評価しているよ」と的確にフィードバックができるからです。

上司も部下も関係なく、もっとみんな褒め合う文化が広まれば、職場は円滑になっていくのですから、「もっとやればいいのに…」と思います。

3つ目は、長所はその人だけに伝えるのではなく、みんなに伝えること。

八方美人さんが良くないのは、Aさんには「Aさんが最高です」、B

148

さんには「Bさんが最高です」と、別々に褒めることです。

それでは、「またAさんのいないところでBさんに媚びを売って…顔を使い分けている！」と誤解されてしまいます。

そうではなくて、**「Aさんのいいところは、AさんにもBさんにも伝える」****「Bさんのいいところは、AさんにもBさんにも伝える」**が正解です。

そうすれば、顔を使い分けていると思われない一貫性が生まれます。

嘘をつかない、具体的な長所を伝える、顔を使い分けない。この3点を意識してみてください。

「教えてもらう会話」を心がけよう

一番やってはいけないのは「知ったかぶり」。

よくやりがちなのは、相手の知識レベルに無理矢理合わせようとしてしまうこと。

知らないジャンルの会話に立ち合ってしまったときには、教えてもらう会話を心がけてください。

私はあるプロジェクトに参画していたとき、同僚とお昼ご飯を食べる習慣がありました。

その際に出るのが漫画やゲーム、映画の話。

私以外のメンバーの共通の趣味だったのですが、私はどのジャンルもまったく詳しくありません。

最初は話題に入っていけず居心地の悪さを感じたものですが、もっと仲良くなりたいと思った私は、興味を持って質問するようにしました。

「私、洋画についてまったく詳しくないんだけど、オススメの映画を教えてくれない？」

「そのゲームの発売が楽しみって言ってたよね？　買ってみてどうだった？」などです。

知らないけれど、興味がある。良さを知りたい。

そうした態度を示せば、相手は喜んで教えてくれました。

お昼休みは「みんなの趣味の話につき合う時間」から、「知らない世界を知る貴重な時間」へと変わったのです。

なかなか共通の話題を見つけるのが難しいときは、相手が年上でも年下でも、上司でも部下でも、対等に話そうとするのではなく、「教えてもらう立場」になることをオススメします。

ここでも聞き役に徹するのが、相手との関係を深めるコツです。

「ミス」をして評価が
上がる人、下がる人

大切なのは、ミスした後のリカバリー

　仕事にミスはつきもの。

　私自身、新人の頃はミスが多くて悩まされました。

　「ミス撲滅」を誓って、いろいろと工夫したのを覚えています。

　ですが、どれも長くは続きませんでした。というのも、ある結論に至ったからです。

　それは、**ミスはなくそうとしても、なくせるものではない**、ということ。

　私の経験を振り返ると、なくそうとすればするほどミスが増えました。

　ミスをなくすことに注意を払っているうちはいいのですが、そうすると、なけなしの集中力がすごいスピードで減っていくのです。

　集中力がなくなると、再びミスをしてしまいます。

　ミスを未然に防ぐ努力は大切です。命にかかわる職場ならば、なおさらです。

ですが、そうした職場でないならば、「小さいミスが発生するのは仕方のないこと」と割り切って、減らす発想に切り替えるのも、ひとつの考え方かと思います。

そして、大事なのはミスをした後！

　ミスは、それ自体も問題ですが、失敗に対してどう対処するかが問題です。言い訳をする、報告が遅い、隠そうとする、反省しない…。
　これでは、評価を落としかねません。

　ただし、適切に対処すれば信頼を回復することもできます。
　失敗したら素直に反省し、原因を究明。そして、失敗を減らす仕組みを整える。
　その後の対応次第で、プラスに評価されることもあるのです。
　社会では、絶対に失敗しない人よりも、失敗しても適切に対処できる人が求められます。
　失敗を失敗として終わらせるのではなく、失敗から学ぶことが大切です。

　では、具体的にどんなことをしていけばいいのでしょう？

何はともあれ、「落ち着こう」

　星の数ほどの失敗をしてきた私が初めにお伝えしたいのは、**「まずは落ち着こう」**です。

　ミスに気がついたとき、ポンコツな私は脳がフリーズしてしまいます（誰でもそうだと思いますが）。

　そして、**「ヤバイ！　どうしよう…」**と焦り、頭の中がやるべきことでグルグルし始める。

　こうした状態で状況を整理しようとしても、うまくはいきません。

　トイレの個室でひとりになる、コーヒーを飲む、タバコで一服するなど、自分流のルーティンでクールダウンしてください。

　そのときに注意したいのは、**「失敗する自分は、なんてダメ**

なんだ…」と考えないこと。

自分の人格とミスを結びつけがちなことは、よくわかります。

ミスをして「消えてしまいたい…」と思ってしまう気持ちも、痛いほどわかります。

ですが、そう思ってしまうと気持ちを切り替えられません。

立て直し作業の最中も集中しきれないので、またミスを重ねる可能性があります。

まずは状況の判断が先。反省はもう少しあとでも遅くはありません。

ミスしたら「4ステップ」で整理する

ミスをした際の初動は、速ければ速いほどいい。

特に、大きなミスほど速いに越したことはありません。

私の失敗は、「自分で頑張って、解決してから報告する」というスタンスでした。

自分で対応し解決しようとする姿勢は、一見、大人の姿勢のように思

えます。

　でも、**これが自ら評価を下げる人の落とし穴です。**

　そもそも会社とは、自分ひとりだけで動いているわけではありません。仕事はひとりの人間が回すものではなく、上司を含む大勢の人間全体で回すもの。

　その観点でいくと、トラブルを自分ひとりで対処するのは最も避けたいこと。周りを巻き込んで解決するのが正解です。

　上司が嫌うのはミスの報告ではなく、ミスの対応策に自分を巻き込まない考え方です。

　勝手に判断して行動するのはやめましょう。

　ここでも大事なのは、以前ご説明した「確認・相談・共有」！

　ただ、テンパってどこから情報を整理すべきか、頭が回らないかもしれません。

　そこで、ミスをおこしたら整理すべき情報を次の４つに分けます。

ミスをしたときに整理すべきこと

① 事実の把握

   ● 何が起こったのか（5W1Hまたは2Hで整理）

   ● どこまで影響があるか（影響範囲）

② 対応策の検討

   ● 問題をどのように解決するか（次のアクション）

③ 原因の分析

   ● なぜ起こったのか

④ 再発防止

   ● 今後どうミスを防ぐか

いろいろなことが頭を駆け巡るかと思いますが、まずは機械的に4つに分ける。

その作業をするうちに、気持ちも落ち着いてくるはずです。

これは私の実体験ですが、複数チーム共通で管理している大切なExcelファイルを壊してしまったことがあります。ファイルを開くとエラーが出るようになってしまったのです。

以下、そのミスを例に具体的にどうやってミスをリカバリーするかを解説していきたいと思います。

ミスの報告で注意すべき2つのこと

　第一報で先程の①〜④まで上司に伝えられれば理想的ですが、「③原因の分析」「④再発防止」は時間が必要なためと、とりあえず事後報告で大丈夫。

　「②対応策の検討」についても、自分では判断できないものも多いでしょうから、空欄でも問題ありません。

　大切なのはスピードですから、**まずは①で整理した「何が起こったのか」を伝えることが大事です。**

　ただ、報告にあたって2つ注意が必要です。

1　「事実」と「解釈」を分けよう

ひとつは、事実だけを伝え余計な解釈や憶測を加えないこと。

よくあるミスの報告NG例で以下のような会話があります。

「全体で管理しているExcelが、私の修正後にエラーが出るようになってしまったそうです。バックアップがあるので大丈夫かとは思いますが、ファイルを共有している○○の部署は更新できないかもしれません」

　この報告だと、どこまでが事実かわかりづらく、上司は的確な判断を下せません。

　もっとシンプルに以下のように伝えてみてはいかがでしょう。

> 「全体で管理しているExcelが、私の修正後にエラーが出るようになってしまいました。現在、更新できない状況になっています」

　起きたことをわかりやすく端的に、事実だけを報告するのです。

　事実を伝えるだけで及第点なのでそこまでする必要はありませんが、自分の解釈まで伝えるなら、次のように言ってみてはどうでしょう。

> 「〜が起こりました。その結果、〜のような影響が出ています。これは私の考えですが○○の部署の仕事まで滞る可能性があります」

　このように、事実と解釈を分けて報告しましょう。

2　ゆっくり、一つずつ報告

**　2つ目は、一度に早口で多くの情報を伝えてしまうこと。**

　情報を受け取る上司も、部下からいっぺんに伝えられても理解が追い

つきません。

「本日の13時に、〇〇さんに確認するのを忘れてしまって、××のフォルダに古いバージョンで上書きしてしまったのですが、その際に…」と続けられても受け止め切れません。

「ちょっと待って！」と言いたくなるでしょう。

　本当は「どのフォルダ？」「ミスに気づいたのはいつ？」などと、部下に質問をすることで、頭の中を整理したいのです。

　こうした非常時こそ、会話のキャッチボールを忘れないでください。

相手の理解のスピードに合わせて、丁寧に報告してください。

謝罪の３NG

　そして合わせて、心からの謝罪の言葉を伝えましょう。

　ただ、謝罪にもいくつか注意すべき点があります。

1　言い訳してしまう

　仕事のミスを報告するときにやりがちなこと。

　それは言い訳です。

「○○さんの指示でやりました」「〜だと思っていましたが」「〜のつもりでしたが」「でも〜」…。

　ミスの報告時に、上記のような言い方をしていませんか？

　これでは、「ミスしたのに悪いと思っていないのでは？」と受け取られてしまいます。

　部下がミスをすることくらい、上司もわかっています。ですから、ミス自体はそれほど問題視されません。

　上司が重視しているのは、「ミスをした後、どう対応するか」です。そこで、「私は悪くない」という態度を取ってしまうと評価が下がります。

　誰にでも、「私が悪いんじゃない」という気持ちはどこかにあります。実際、そういうこともありますし、あなた個人が原因ではなく複合的な要因で起こるミスもあります。

　しかし、ミスはミス。自分の立場が悪くなるだけなので、言い訳はしないほうが賢明です。

2　過剰に謝る

「ポンコツなんですみません、ダメですみません！」といった言葉は、今は大丈夫。

　反省は後回しです。まずは回復が最優先であることを忘れずに。あとは、上司やメンバーと対策を立て、粛々と実行に移していくのみです。

3　報告が長い

　まずは、何が起こったのか、その直接の原因は何かを伝えましょう。

　たとえば、「明日の会議で頭がいっぱいでテンパり、〇〇さんに確認するのを忘れてしまって…」という言葉。ミスの遠因かもしれませんが、**今起きている問題を解決するのには必要のない情報です。**

「〇〇さんに確認するのを忘れてしまって、古いバージョンで上書きしてしまいました」と端的に原因を伝えましょう。

ミス再発防止の「仕組み」を考えよう

　以上は、ミスをしたときの適切な初動になります。

　でも、ミスはここからが本番。信頼を回復していく作業です。

「ポンコツなんで」「おっちょこちょいで！」といった曖昧な結論で終わ

らせると、同じミスを繰り返して、信用を落としてしまうでしょう。

　そうした人に重要な仕事は回ってこなくなります。ミスを振り返り、きちんと反省することが大切です。

　では、再発防止策はどのように考えればいいのでしょう？　それは、ミスをしない「仕組みづくり」です。たとえば、

- **自分でチェックしたが、ミスが起きた**
  - ➡ダブルチェック、トリプルチェックで他人の目を入れる
- **自分では間に合うと思ったが、納期に間に合わなかった**
  - ➡常にグループ全員に進行状況が見えるようにしておく
- **順番に進めるべき工程を飛ばしてしまい、やり直し作業が起きた**
  - ➡フローチャートを作成し、順番に進めないと次の仕事ができないようにする
- **手書きで転記ミスが起きた**
  - ➡コピペできるようエクセルで管理する
- **伝達ミスで、必要な情報が伝わっていなかった**
  - ➡伝達したら、その場で要点を確認
- **忘れ物をした**
  - ➡打ち合わせ時の持ち物リストを作成し、デスクに張っておく

といった対処法が思い浮かびます。

ちなみに、これらは全部私が過去に引き起こしたミスです。

反省は「以後、気をつけます」で終わらせるのではなく、具体的に「どう再発防止を目指すのか」といった具体的なアクションをセットで報告すると、上司はあなたを信用することができます。

ミスは共有しよう

さて、原因を究明したらそれで終わり…。ではありません！

私は自分で原因を分析して考えた対策が合っているかどうか、周りに確認します。

答え合わせをすれば、もっと良い方法が見つかることがあるからです。

その際に、チーム内でミスの共有をしたほうがいいか上司に確認できるとベストです。

自分がミスしたところは、案外メンバーもミスしやすいのです。

恥ずかしいので抵抗はありますが、メンバーが同じ轍を踏まないで済むために、感謝されることもあります。実は、自分のミスは周りから見れば有難いケースでもあるのです。

　もし、ある作業工程を記したマニュアルをチームで共有しているなら、メンバーがミスするごとに、チェックすべきポイントが書き足されて強化されていきます。

　こうすることで、チームの生産性が上がっていきます。

　ちなみに、私は個人的にミスのメモ帳をつけていました。

「何月何日、〇〇のミス。××の対処法を教えてもらった」など、箇条書きにしていた気がします。

　何をミスしたかを記録できれば、自分のミスの傾向がわかるからです。

　簡単なメモで構いません。反省は大事だけど、そこに時間をかけるのはもったいないからです。

　繰り返しになりますが、ミスとあなたの人格は関係ありません。

　無用に自分を責める必要もありません。同じ過ちを繰り返さなければいいだけです。

　成長できるのは、ミスをして落ち込むだけに終わらせず、反省して次につなげられる人です。

　対応策まで考えたら、切り替えて再発防止に努めましょう!

ポンコツなリーダーが、「良いチーム」をつくる！

「負けるが勝ち」のマネジメント

ポンコツな私も、とうとう部下を持たせてもらえた！
これが、初めてリーダーになったときの私の感想です。

仕事がデキなくてトイレにこもって泣いていた頃に比べたら、大きな成長です。
頼りになると思ってもらえるように頑張ろう！　良いお手本になるんだ！と意気込んだのを覚えています。

私が今まで見習ってきた上司や先輩のようになりたい。理想は高く、具体的なイメージがありました。
しかし、**想いとは裏腹に頑張れば頑張るほど空回りしていきました。**
実は、当時の私には直視できていなかった事実があります。それは、**部下になる人たちは、私よりも仕事ができる人たちばかり、**ということです。

この事実に、正直、かなり悩むことになります。
　私に、教えられることなんかあるのだろうか？
　煙たがられていないだろうか？──と。

　それに、私のこれまでの人生にはリーダー経験がありません。
　デキる人の真似をしようにも、うまくいかない。状況がまったく違う。
いったい何をすればいいのか？　見当もつきませんでした。
　ですが、あることを意識してからチームがうまく回り始めました。
それは、**「負けるが勝ち」のマネジメント**です。
　いちプレーヤーからリーダーになるためには、個人で好成績を上げる
必要はありません。しかし、メンバーと張り合ってしまうリーダーが多
いのでは？　そうではなく、チーム全体で勝てばいいのです。

　そもそも、私はポンコツです。自分がポンコツであることを再認識し、
余計なプライドを捨ててから本当に大切なことに気がつきました。
　では、「負けるが勝ち」のマネジメントとはなんなのか？
　解説していければと思います。

ポンコツならば、部下のほうが優秀で当たり前

　部下よりも仕事ができなきゃいけない、部下以上に仕事に詳しくなくては――。かつて、私はそう思って仕事をしていました。でも、それは大きな勘違いです。

　こう考えるのも、私なりに失敗があったからです。

　それは、初めて部下を受け持ったときのことでした。

　とても優秀な男の子で、システムエンジニアとしても技術的に優れている。負けん気が強く、勉強熱心な子でもありました。

　初めは立場上、上に立とうと頑張っていたのですが、地頭は私よりいいし、技術的にも敵（かな）いません。彼の上に立ち切れずにいたのです。

　部下よりも劣っているショック、なんとかしなきゃという焦り、バカにされているかもという不安…。

　私は、悩みに悩みました。ただ、悩み過ぎた結果こんなことを考えました。

　ポンコツな自分が、優秀な子と張り合う必要があるのかな？

ポンコツな自分よりも部下が優秀なのは当たり前。

立場が上になったからといって、急に何かができるようになるわけではありません。

ですが、上に立ったから、できなくてはいけない。そう思い込んでいました。

変な意気込みはいらない。ポンコツな「リーダー1年生」として謙虚にスタートしよう。

肩の力が抜けたとき、任せるところは任せようという意識に切り替えることができました。

部下をコントロールしようとするから、ややこしくなる。

そうではなく、**部下をサポートする立場に回ればいいのです。**

個人で成績を上げる必要はなく、たとえ自分が負けても、チームで勝てばいい。

これが、「負けるが勝ち」のマネジメントです。

どんなに優秀でも、後輩よりポンコツである自分のほうが社会人経験は長い。

そうした視点から、クライアントとの交渉や資料のつくり方など、ア

ドバイスできることはたくさんあります。

　また、全体を見据えて方向性を決めて指示するのも経験がなくてはできません。

　部下に気持ちよく働いてもらうために、上司がいる。

　ポンコツさんがリーダーになったら、そうしたマインドセットから始めてみてください。

任せるけど、任せきらない！

　任せるところは、任せる。でも、

　どこまで部下に仕事を任せればいいのだろう？

　そう思う人は少なくないはずです。

　確かに、部下には自由に仕事をしてもらいたい。

　かといって、優秀な部下に仕事を丸投げしていたら、その上司は仕事をしているとは言えません。

　私は、**チームリーダーになってからはプロジェクトの主導権を意識しています。**

抽象的かもしれませんが、自分の箱庭をつくり、部下にはその中で自由に働いてもらうイメージです。

具体的には **「やり方は任せる。だけど、成果物は自分が納得いくまでチェックさせてもらうスタンス」** を取っています。部下が仕事で失敗したときに責任を取るのは、上司だからです。

システムエンジニアには、組み立てたシステムが正常に作動するかどうかテストする作業があります。

スマホで「1」と入力したら、画面に正しく「1」と現れるか確認する作業をイメージしてもらえればわかりやすいと思います。

こうしたテスト項目を、上司がすべて確認するには時間がかかります。そのため、この確認作業自体も部下に任せてしまう人も多いのですが、私の場合は自分への負荷が高くても、納得するまでチェックします。

大変ではありますが、部下の仕事をよく観察していると個性が見えてきます。

「システムの構築はよくできているけど、最終チェックが甘いな」
「仕事は遅いけど、丁寧でミスが少ないな」
「あ、この前はここでミスしてたけど、できるようになってる！」

　このように、部下の成果物と仕事の個性を観察してから、任せる領域を増やしていきました。

　最初は時間がかかります。でも、それも最初だけ。
　部下の個性・特徴を知り、信頼ポイントを理解していれば、その後の作業はグッとラクになります。

　仕事をどこまで任せるか。正解はありません。
　あくまで私のやり方ですが、参考にしてみてください。

期待値を下げる

　どんなに優秀な子だとしても、最初は「ポンコツな過去の自分」として接する。
　これは部下を持ったときにはオススメの方法です。

　本当にポンコツだった昔の自分と比べると、たいていの部下は昔の自分より上です。それでも、どんなに優秀だと評判の子がチームに入ってきても、最初は「過去の自分」だと思って接します。

　そうすれば、丁寧に仕事を教えられますし、何より期待値を下げられるからです。

　私自身、ポンコツとして受け入れてくれたからこそ、焦らずに成長できた経験があります。

　だからでしょうか。むしろ、最初から「デキる子」として部下を見ると、「できないところ探し」になって、減点方式の評価をしてしまうような気がするのです。

　私の勤めている企業だけの話ではないと思うのですが、誰かが自分の部署に異動してくるとき、その人の前の部署での評判が先に耳に入ってきます。

　デキる人からすると「使えない」(嫌な言葉ですね)と言われている人がやってきても、私は昔の自分を基準にして比べるので、あまり驚きません。

　要領を得ない質問をしてくる部下、つまらない凡ミスばかりする部下に多くの人は悩むようですが、**私なら「昔の自分と比べたら…。まあ、よくあること」で終わってしまいます。**

つまり、あまり期待していないんです（笑）。

　これは人にイラっとしないためにも結構使えるワザだと思うので、覚えておいて損はないはずです。

　実は、私のもとには他のプロジェクトで問題児とされた人たちも入ってきます。

　他のチームで煙たがられていても、「こっちに来てくれていいですよ」と受け入れているからです。

　私自身、仕事がデキない子の気持ちがよくわかります。ですから、**「昔の自分だったら、どうしてほしかったかな」と考えると、大体どうすべきかがわかります。**

　ちょっとだけ、私の本音を言わせてください。

　できない部下を切り捨て、人員を変えてチームを成長させることなら誰にでもできます。

　全員優秀な部下なら、仕事がスムーズにいって当たり前です。

　本当に優秀な上司は、仕事ができない部下を成長させ、チームで成績を上げる人ではないでしょうか。

　その意味で、ポンコツさんこそ上司に向いている、と私は信じています。

部下のやる気を引き出すコツ

ちょっと、逆の発想で考えてみてください。

どんなときに、部下は仕事のやる気をなくすと思いますか?

目標を達成できなかった、怒られた、残業続きで疲れた…。

要因は様々ですが、私は **「何のために仕事をしているのかわからないとき」** だと思います。

自分の作業が何に貢献できているのか、自分が何に役立っているか――。こうした「仕事への手触り感」がないからです。

先ほど、システムテストのお話をしたかと思います。

スマホで「1」を入力したら、画面に正しく「1」と現れるかといった確認作業。これは大切な作業なのですが、本当に地味です。「こんなことのために入社したわけじゃない!」という気持ちもわからなくはありません。

でも、もしここで、仕事の

目的や全体像を伝えられれば、部下のやる気も変わるはずです。

「このシステムは、〇〇社がこんな場面で使うことを想定しているからね」といった具合に、**「仕事の意味」がわかれば、部下も「ここを重点的に確認しました」といったように、自分から考えて動いてくれるはず**です。

　私自身、新人の頃に自分の仕事が全体の中でどういった立ち位置にあるのかを知ろうとすると、「いいから、やって」と一蹴されていました。

　確かに、末端の人間が全体像を知る必要はないのかもしれません。

　でも、もし全体像がわかっていればもっとやる気が出ていたのかもな、と思います。

　そんな「自分がしてほしかったこと」から、私は部下には仕事の目的や全体像を伝えるようにしています。

部下からは上司に声を掛けにくい！

　部下が突然メンタルダウンしたり、退職の連絡をしてくる。

「寝耳に水」なバッドニュースは、上司と部下の日頃のコミュニケーションの少なさが原因です。

　こうした事態を防ぐためにも、**声掛けや雑談は上司の大切な仕事のひ**

とつと言えるでしょう。

　私にも過去、声掛けや雑談の重要性を痛感する一件がありました。

　それは、とあるチームリーダーを担当していたときのこと。

　私はそのプロジェクトから異動することが決まっていて、ある部下が
リーダーを引き継ぐ予定でした。

　ところが、その部下は明らかにモチベーションが下がっています。

　さらに問題なのは、私より上の役職の人が、その部下を「態度が悪い」
と不満に思っていることでした。

　「このままではまずい…」と思った私は、部下にミーティング後、「最近、
仕事どう？」と水を向けてみました。何に悩んでいるのか、直接は聞き
ませんでしたが、雑談をしているとポツポツと話し始めました。

　話を聞くと、「私が大変そうに仕事をしているのを見て、ネガティブになっ
た。清々しくプロジェクトを去っていく私の後釜として、仕事を押しつ
けられた気がして萎える」とのことでした。

　さらに、若くて部下を持った経験がないことを不安に感じていたそうです。

　私が大変そうに働く姿を見せたことは、部下に申し訳ないことをしました。

ですが、実はその部下の年齢でリーダーに選ばれるのは大抜擢なのです。

　その後、私と私の上司を含めて3人で話し合いました。期待の現れだということを説明し、部下の誤解を解くことができたのです。

　部下には「気軽に声を掛けてね」とはいうものの、やはり部下の立場からは上司には声を掛けにくい。だからこそ、上司から部下に声掛けをしてあげる必要があるのでしょう。

　また、日頃から声を掛けにくい態度で接している恐れもあります。

　たとえば、部下が話し掛けてきたとき、パソコンに目を向けたまま返事をしていませんか？

　私は話し掛けられたら作業を止めて、相手に体を向けて話を聞くようにしています。

　日頃の「聞く態度」は、話し掛けやすさにつながっているかもしれません。

ちょっと

管理しない。気づいてあげよう！

　管理職とは言うものの、部下を管理しようとすると逃げられます。

　真面目な方ほど、きっちり管理しなきゃと思いがちですが、そうではありません。

　私がそうでしたが、興味を示して関心を寄せるだけでよかったのです。

「以前はできなかった報連相が、しっかりできるようになった！」

「企画立案の仕事よりも、細かいチェックの仕事のほうが好きなんだな」

　このように、部下の仕事に注目すれば成長にも気づけます。

　女性が髪を切ったことを恋人に気づいてもらいたいように、身近な人に変化に気づいてもらえるだけで、**気づいてもらえた部分を意識しだします。それによって、より成長しようとするでしょう。**

　ほんの少しの変化で構いません。気づいて声を掛けるだけで、人は自分から動き出します。

部下が「自分から動くようになる」には？

「やってみます」と言ったっきり、仕事を抱え込む部下が多いこと…。

私自身がそうだったので、気持ちは本当によくわかります。怒られたくない、失望されたくない、どう聞けばいいかわからない──。
　その結果、手遅れになる事態は上司としてなんとしても避けたいところです。

　手遅れになる前に、上司は部下に声掛けをしてあげてください。
　仕事を抱え込みがちな部下は、自分から上司に報告にいけません！

　私は、次のことを意識しています。
　ひとつは **「ここまでやってね」「●時の時点で一回進捗を報告してね」といった具体的な指示です。**
　思うような報告が上がってこない場合は、フォーマットをつくり、「このような形で、メンバーの進捗を取りまとめて送ってほしいな」というように依頼します。
　「なんとなく」で投げて、察してくれないからモヤモヤするのです。

　大切なのは、完成形のイメージを自分から伝えること。
　このようなお話をすると「丁寧すぎる」「自主性が育たなくなる」といっ

た指摘をいただきますが、私はこのような伝え方をして、部下が動かなくなったことはありません。

　むしろ、部下が「こうすればいいんだ！」という〝良い例〟をたくさん蓄積できたことにより、次第にこちらから指示しなくても私の思うような形で報告をしてくれるようになりました。

　仮に、もしそれで受け身になってしまう部下が出てしまった場合には、**私なら「今回はどういう形で報告してくれらわかりやすいと思う？」とクイズ形式にするでしょう。**

　どちらにせよ、「察してほしがらない」「求めている形を具体的に上司から伝える」ことは信頼関係が構築できるまでは必須だと考えています。

信頼関係を築くフィードバック

　私は、外国人メンバーと仕事をすることがよくあります。
　外国人と仕事をするというと「特別なことをしなくてはいけないの？」と思ってしまうかもしれませんが、基本的にどんな人と仕事をするときも接し方は変えません。

まず、意識しているのは全員の名前を呼ぶことです。

　たとえば「中国人メンバーの皆さん」と一括りにして呼ぶこともできますが、**一人ひとり名前を呼んで声掛けするようにしています。**

　また、成果物をチェックしてメンバーの個性を知る。このスタンスも変わりません。

　私は中国人メンバー３人と仕事をしていたとき、年末の挨拶や長期休暇の挨拶の際には、フィードバックのメールを送っていました。これは評価とはまったく関係ありません。

　近くにいれば日常の中で言えるような、「褒めポイント」「感謝の言葉」「今後の期待」を、「何がよかった」「いつもこういうところありがとうございます」「こうしてもらえるともっと嬉しい」といった素直な言葉でフィードバックするのです。

　一人ひとりへのフィードバックは、日頃から個人を意識していないとできないことです。

「あなたのことを、ちゃんと見てますよ」という気持ちは相手にも伝わります。

正しく部下を叱る「6ステップ」

　私は、自分の発言に対して責任を果たしていないとき、部下を叱るようにしています。

「〇日までに提出すると言っていたが、期日を守らなかった」といったようなケースですね。

　ただし、叱り方は気をつけていることが6つあります。

1　まず肯定から

　最初から注意で始まると、相手は指摘を受け入れにくくなります。

　ですが、相手を肯定することから始めると心理的ハードルを下げられるでしょう。

「ここがよかった。でも、ここはもう少しこうしたほうがよかったかな」

こういった具合に、**肯定→改善点の順番で伝える**と指摘を受け入れやすくなります。

2　人前で叱らない

　みんなの前で恥をかかせるので、あとに禍根を残すことになります。

叱るときは、「個室で1on1」 で行いましょう。

3　背景や理由も含めて説明

叱るときはその事象だけに注目してしまいがち。

ですが、なぜ私がこの話をしているのか、なぜそうしてはいけないのか、話の背景や理由を必ず話すようにしています。

そのほうが、なぜ言われているのか、スムーズに理解してもらえると考えているからです。

伝えるときに重要なのは、相手に納得してもらえるかどうか。

納得感のある説明ができるように、ぜひ背景や理由から伝えてみてください。

4　何度教えてもできないのは伝え方が悪い

ビジネスコミュニケーションは、相手が理解して初めて伝わっていると見なされます。

厳しい意見かもしれませんが、**相手が変わらなければ、あなたの伝え方が悪いのかもしれません。**

何度言っても伝わらない場合は、伝え方を変えてみるのもひとつの手です。

5　正論は正解ではない

「普通、こうやるでしょ？」「常識的にはこう」「ウチの会社の人なら…」

こういった正論は、全員に対する常識ではありません。

　海外メンバーとの仕事ならば、なおさらです。

　こちらの常識は、必ずしもあちらの常識ではない。

　固定観念は抜きにして、頭ごなしに否定するのはやめましょう。

6　最後は明るく笑って終わり

　これは、私が一番気をつけていることです。

　とにかく、尾を引かないことが大切。 ネチネチと言わないで、その場で終わらせましょう。

　私は、「まあ、私もやっちゃうけどね」　と場を和ませてから笑顔で終わるようにしています。

「しんどさ」から解放され
「生きやすくなった」

　私がTwitterでの発信を始めたのは、2021年の春でした。当時、会社員6年目。仕事にも一通り慣れ、周りからは中堅社員として扱われるようになったタイミング。会社員であることに満足するのではなく、「会社以外にも自分の世界を広げたい」と、なんとなくですが思っていました。

　最初は日記のように日常を呟くことから始め、次第に過去の自分に教えてあげたい仕事のコツや、今まで上司や先輩から教えてもらってきたことを、備忘録も兼ねて投稿するようになりました。

　今までたくさん失敗してきました。今でも失敗することはあります。
　その一つひとつの出来事に落ち込み、自分を責めながらも、少しでも教訓にして進もうとしてきた試行錯誤の結晶が、いまやこんなにもたくさんの方に読んでいただけるようになったこと。そして今回、書籍出版の機会をいただけたことに大変驚いています。

　私が学んできたことを140文字の言葉で齟齬なくお伝えする、この

ことに難しさを感じることは多々あります。しかし、「共感しました」「背中を押してもらいました」などと嬉しいDMやコメントをいただくことがあり、それが私の発信の原動力です。

　なんで私はこんなにデキないんだ。私も、仕事がデキるようになりたい。そう思って泣いた新入社員時代。

　仕事がデキる人だと周りに認めてもらうにはまだまだ高いハードルがありますが、デキる人が当たり前にやっている基本を知り、少しずつできるようになる。
　それだけで、怒られることは減りましたし、とても生きやすくなりました。

　この本を読んで、内容が多く、実践するには難しく感じてしまわれた方もいるかもしれません。
　でも安心してください。
　私自身、この本に書いてあることが一気にできるようになったわけではありません。1日ひとつでいいので意識してください。

　意識するだけで、仕事がラクになったり、うまく進むことを詰め込ん

だつもりです。

　デキる人からしたら当たり前のこと。これが一番難しいです。

　でも私はこれからも会社員として楽しんで働きたいし、周りから必要とされたい。

　そのために、私はもがき続けます。
　そんな中堅社員の日常や気づきを、今後も皆さんにお届けできたら嬉しいです。

　最後に、いつも私を応援してくださっているTwitterのフォロワーの皆さん、お世話になっている会社の先輩や同僚、本書を企画・編集してくださったPHP研究所の野牧峻さん、そして、ここまで読んでくださったあなたに、心から感謝申し上げます。

2022年12月　へいうさぎ

著者

へいうさぎ

ITエンジニア、インフルエンサー

heyusagi

現在、社会人7年目。チームリーダーとして活躍。仕事とキャリアをテーマに、ポンコツが身につけた外資で生き抜く術を、Twitterでシェアするインフルエンサー。2021年より自身の経験をもとに、「すぐに使えるお仕事知識」をテーマに情報発信を開始。「敬語の使い方」や「タスク管理の仕方」などの図解ツイートがバズり、数万いいねを獲得する。「等身大、なのに使える」と評判になり10カ月で2万フォロワー、月間1000万インプレッション超えを記録。「仕事ができない人の気持ちがわかる、デキる人」だからこそ、できない人に寄り添った優しさに定評がある。

装丁・本文デザイン・図版作成：WELL PLANNING（松岡昌代）
装丁・本文イラスト：Meppelstatt
編集協力：スタジオ よみ人しらず

ポンコツOLでも成果を出せた！
世界一やさしい仕事術図鑑

2023年1月10日　第1版第1刷発行

著　　者	へいうさぎ	
発 行 者	永田貴之	
発 行 所	株式会社PHP研究所	
	東京本部　〒135－8137 江東区豊洲5－6－52	
	ビジネス・教養出版部　☎03－3520－9619（編集）	
	普 及 部　☎03－3520－9630（販売）	
	京都本部　〒601－8411 京都市南区西九条北ノ内町11	
	PHP INTERFACE https://www.php.co.jp/	
組　　版	ウエル・プランニング	
印 刷 所	株式会社光邦	
製 本 所	東京美術紙工協業組合	

PHPの本

集中できないのは、部屋のせい。

東大卒「収納コンサルタント」が開発！　科学的片づけメソッド37

テレビ・雑誌で話題！　人気整理アドバイザーの科学的メソッド。たった5分で、仕事や学習の生産性が高まる「集中部屋」がつくれる！

米田まりな　著

定価　本体一、五〇〇円
（税別）